건강을 지키는 건강사전

글 오성아
1993년부터 서울에서 초등학교 교사로 재직하면서 학생들이 슬기롭고,
건강하게 성장하도록 돕고 있어요. 수업 놀이 연구회와 여러 교육 관련 모임 활동을 통해,
학생들에게 미래를 준비할 수 있는 힘을 키워 주려고 계속 노력하고 있어요.
번역한 책으로 『침몰하는 타이타닉호에서 탈출하라!』가 있어요.

글 김기쁨
아이들이 성장하는 모습을 보는 것이 기뻐요. 어떻게 하면 아이들이 잘 배우고,
더 행복할지 고민하며 대학원에서 교육심리학을 전공하고 있어요.
또한 수업 놀이 연구 모임에서 배움의 재미와 의미를 발견하는 중이에요.

그림 김학수
대학에서 산업디자인을 전공하고, 북 디자이너를 거쳐 현재 프리랜서 일러스트레이터로 활동하고
있어요. 그린 책으로는 『나만 공감 안 되는 거였어?』 『무작정 따라하기』 시리즈 등이 있어요.
쓰고 그린 책으로는 『하루가 미안해서』 『일러스트 쉽게 배우기』가 있어요.
brunch.co.kr/@haksookim

건강을 지키는 건강사전 글 오성아, 김기쁨 그림 김학수

초판 1쇄 펴낸날 2023년 3월 2일
펴낸이 김병오 **편집장** 이향 **편집** 조웅연 김샛별 안유진 **디자인** 정상철 배한재 **홍보마케팅** 한승일 이서윤 강하영
펴낸곳 (주)킨더랜드 **등록** 제406-2015-000037호 **주소** 경기도 파주시 회동길 512 B동 3F
전화 031-919-2734 **팩스** 031-919-2735
ISBN 979-11-92759-74-6 74510
제조자 (주)킨더랜드 **제조국** 대한민국 **사용연령** 8세 이상

건강을 지키는 건강사전 ⓒ오성아 김기쁨 김학수 2023
• 신저작권법에 의해 한국 내에서 보호를 받는 저작물이므로 무단 전재와 복제를 금합니다.

『건강을 지키는 건강사전』 똑똑하게 읽어 보기

초등학교 교과서에 나오는 용어를 주로 실었어요.
또한 교과서에 나오지는 않지만, 우리 생활에 자주 사용되는 용어와
뉴스나 신문에서 쉽게 접할 수 있는 건강 용어를
저학년도 이해할 수 있는 쉬운 말과 그림으로 설명했어요.

안전

안전한 생활 시간에 배우는 용어를 다루었어요. 안전하게 생활하려면 무엇을 피해야 하는지, 무엇에 대비해야 하는지를 알아봐요.

위생

위생이라는 단어가 어렵게 느껴지나요? 위생은 건강의 필수 요소예요. 특히 학교에서는 모두가 위생에 철저해야, 건강하게 생활할 수 있어요. 함께 용어를 익히며 건강한 생활을 시작해요.

운동

건강 유지에 도움이 되는 운동에 대해 알아볼 거예요. 운동을 하기 전에 무엇을 해야 하는지, 운동하면 어떤 효과들이 있는지를 함께 알아봐요.

영양

음식을 골고루 먹으라는 말, 많이 들어 봤을 거예요. 우리 몸에는 여러 영양소가 필요하기 때문이에요. 우리 몸에 필요한 영양소들을 함께 알아봐요.

질병

질병은 건강을 순식간에 앗아 갈 수 있어요. 질병을 알아 둔다고 해서 질병을 피할 수는 없지만, 안다면 예방하고 대비할 수 있어요.

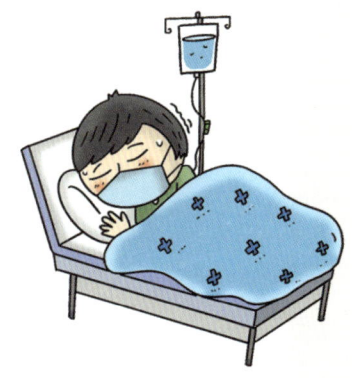

머리말

여러분의 몸과 마음은 정말 건강한가요?

여러분이 가장 좋아하는 과목은 뭔가요? 아마 체육을 꼽는 친구들이 많을 거예요. 체육 시간에는 책상을 벗어나 마음껏 뛰어다닐 수 있지요. 그것만으로도 신이 날 거예요. 체육은 수업 시간이라기보다 노는 시간이라고 생각할 수도 있어요. 체육 시간은 여러분의 스트레스를 풀고, 친구들과 어울리게 하려는 목적도 있지만, 건강을 유지하는 데 필요한 지식과 능력을 기르는 시간이에요. 건강을 위해 수업 시간을 따로 만들었을 만큼, 건강은 중요해요.

지난 몇 년간, 코로나19를 겪으며 건강에 대한 관심이 높아졌어요. '바이러스', '백신', '치료제'라는 말을 수없이 들었을 거예요. 하지만 그것들을 자세히 설명하라고 하면 설명할 수 있나요? 그리고 편식하지 말고, 음식을 골고루 먹어야 한다는 말을 많이 듣지만, 왜 음식을 골고루 먹어야 하는지 알고 있나요? 게임은 왜 오래 하면 안 되는지, 물에 들어가기 전에는 왜 준비 운동을 꼭 해야 하는 건지도 알고 있나요?

우리가 행복하려면 건강이 필수예요. 성적, 인기 등 모든 걸 다 가졌어도 건강하지 않으면 아무것도 누릴 수 없어요. 크게 아파 본 친구들이 아니라면 건

강에 대해서 별생각이 없을 수도 있어요. 건강은 당연한 걸 테니까요. 그래서 건강을 공부한다고 하면 어리둥절할 친구들이 많을 거예요. 건강 지식을 알아 가는 것은 단순히 지식 쌓기를 넘어 삶을 더 건강하게 만들어 줘요. 건강은 건강할 때 관리해야 해요. 그리고 건강 지식을 많이 알고 있으면 나뿐만 아니라 사랑하는 가족의 건강까지도 챙길 수 있어요. 초등학생 때는 내가 어떤 사람인지, 어떤 사람이 되고 싶은지 고민하기 시작하는 시기지요. 건강 지식을 쌓는 것은 여러분의 몸과 마음에 대해 알아 가는 첫걸음이기도 해요.

"건강한 신체에 건전한 정신이 깃든다."라는 말이 있지요. 『건강을 지키는 건강 사전』은 우리 생활에 꼭 필요한 건강 지식을 담은 책이에요. 이 책을 통해서 여러분이 조금 더 건강에 관심을 갖고, 몸도 마음도 건강하게 지키기를 바랍니다.

오성아, 김기쁨

안전 모두가 함께 지켜야 할 약속

교통 법규 · 16	안전사고 · 27	자존감 · 38
구명조끼 · 17	안전 수칙 · 28	지진 · 39
낙뢰 · 18	안전 요원 · 29	출혈 · 40
보건실 · 19	안전벨트 · 30	태풍 · 41
사이버 폭력 · 20	음란물 · 31	폭염 · 42
사춘기 · 21	음주 · 32	학교 폭력 · 43
성폭력 · 22	응급 상황 · 33	해바라기센터 · 44
소방 교육 · 23	이안류 · 34	해파리 쏘임 · 45
스쿨 존 · 24	익수 사고 · 35	화재 · 46
심폐 소생술 · 25	인공호흡 · 36	황사 · 47
안전 · 26	자동 심장 충격기 · 37	흡연 · 48

위생 건강의 필수 요소

감염 · 50	산성 식품 · 60	여드름 · 70
기생충 · 51	살균 소독 · 61	월경 · 71
냉장고 · 52	속옷 · 62	위생 · 72
마스크 · 53	손 소독제 · 63	체온계 · 73
목욕 · 54	손톱 위생 관리 · 64	청소 · 74
몽정 · 55	세균 · 65	충치 · 75
부패 · 56	세척 · 66	호르몬 · 76
비누 · 57	스케일링 · 67	환기 · 77
비말 · 58	알칼리성 식품 · 68	333 법칙 · 78
빨래 · 59	양치질 · 69	

운동 모두가 건강해지는 시간

- **건강** · 80
- **경쟁** · 81
- **관절** · 82
- **근력과 근지구력** · 83
- **근육** · 84
- **기관과 기관지** · 85
- **기초 체력** · 86
- **도전** · 87
- **민첩성** · 88
- **보호 장비** · 89
- **뼈** · 90
- **맨손 체조** · 91
- **성장** · 92
- **스트레칭** · 93
- **심폐 지구력** · 94
- **여가 활동** · 95
- **유연성** · 96
- **정리 운동** · 97
- **준비 운동** · 98
- **줄넘기** · 99
- **체온** · 100
- **태권도** · 101
- **평형성** · 102
- **표현 활동** · 103
- **혈액** · 104
- **협동** · 105
- **협응성** · 106
- **훌라후프** · 107
- **호흡** · 108

영양 고른 섭취로 즐거운 내일

- **갈증** · 110
- **과식** · 111
- **군것질** · 112
- **건강 보조 식품** · 113
- **나트륨** · 114
- **단백질** · 115
- **당** · 116
- **무기질** · 117
- **반조리 식품** · 118
- **비타민** · 119
- **수분** · 120
- **슈퍼푸드** · 121
- **슬로푸드** · 122
- **식품 첨가물** · 123
- **열량** · 124
- **영양소** · 125
- **유통 기한** · 126
- **지방** · 127
- **체지방** · 128
- **칼슘** · 129
- **탄수화물** · 130
- **패스트푸드** · 131
- **편식** · 132

질병 예방으로 지키는 건강

- 감기 · 134
- 거북목 증후군 · 135
- 결막염 · 136
- 결핵 · 137
- 구급상자 · 138
- 구토 · 139
- 다래끼 · 140
- 다이어트 · 141
- 당뇨 · 142
- 두통 · 143
- 독감 · 144
- 멀미 · 145
- 면역 · 146
- 바른 자세 · 147
- 바이러스 · 148
- 방광 · 149
- 백신 · 150
- 변비 · 151
- 보건소 · 152
- 볼거리 · 153
- 비만 · 154
- 비염 · 155
- 빈혈 · 156
- 설사 · 157
- 성장통 · 158
- 성조숙증 · 159
- 소화 불량 · 160
- 수두 · 161
- 수면 장애 · 162
- 스트레스 · 163
- 시력 · 164
- 식중독 · 165
- 알레르기 · 166
- 염좌 · 167
- 영양 불균형 · 168
- 우울증 · 169
- 일사병 · 170
- 장염 · 171
- 중독 · 172
- 척추 옆굽음증 · 173
- 천식 · 174
- 타박상 · 175
- 트라우마 · 176
- 패혈증 · 177
- 폭식증 · 178
- 홍역 · 179
- 화상 · 180

신나는 건강 교실 슬기로운 건강 생활

- 감염병을 예방하려면? · 181

교통 법규

도로를 이용하는 모든 사람이
지켜야 하는 약속이에요.

교통 법규는 생명과도 연관되기 때문에 꼭 지켜야 해요. 교통 법규는 여러 가지가 있어요. 길을 건너는 보행자는 횡단보도로, 녹색불일 때 건너는 것은 물론이고 주위를 잘 살펴야 해요. 어린이는 몸집이 작아서 운전자가 못 볼 수도 있으니 손을 들어 나의 위치를 알려야 해요. 보행자뿐만 아니라 운전자도 신호를 지키고, 횡단보도를 지날 때는 주위를 살펴야 해요. 또 자동차에 탈 때는 안전벨트를 꼭 매야 해요.

구명조끼

**물에 빠져도 몸이 뜰 수 있도록 만든
조끼를 말해요.**

함께 익히기 익수 사고

구명조끼를 입고 물에 들어가 본 적이 있나요? 그랬다면 몸이 저절로 물에 뜨는 걸 경험했을 거예요. 물놀이 사고 예방을 위해 물놀이를 할 때 주로 입어요. 구명조끼는 물놀이하는 곳뿐만 아니라 비행기나 배에서도 볼 수 있어요. 비상 상황에서 대피해야 할 때 안전하게 탈출하기 위해서예요. 그래서 비행기나 배를 탈 때는 구명조끼가 어디에 있는지 잘 알아 두고, 구명조끼 입는 법을 설명해 줄 때, 잘 듣고 기억해야 해요.

낙뢰

벼락이 땅으로 떨어지는 것을 말해요.

벼락은 공중의 전기와 땅 위의 물체에 흐르는 전기 사이에서 전기를 내보내며 발생하는 현상이에요. 벼락은 주로 흐린 날에 발생해요. 이때 벼락이 땅으로 떨어지기도 해요. 벼락이 땅으로 떨어지면 나무가 부러지기도 하고, 도시나 건물이 정전되기도 해요. 사람이 맞으면 어떡하냐고요? 그럴 확률은 거의 없어요. 하지만 비가 오는 날에는 낙뢰가 발생할 수 있으니 산이나 건물 꼭대기 등 높은 곳에 가지 않는 게 좋아요.

보건실

학교에서 생활하다가 아프거나,
다쳤을 때 찾아가는 곳이에요.

보건실은 아프고 힘든 친구들이 치료받고, 회복해서 즐겁게 학교생활을 하게 하려고 있는 곳이에요. 종이에 손을 벨 때 찾아가기도 하고, 배가 아플 때 찾아가기도 해요. 학교에 있다가 몸이 아플 때는, 참거나 숨기지 말고 보건실에 찾아가 보건 선생님께 알려 주세요.

사이버 폭력

인터넷 공간에서 상대방을 불쾌하게 하거나
상처 입히는 행동을 말해요.

요즘에는 스마트폰 없는 생활을 상상하기 힘들어요. 은행 업무, 지도 등 우리 생활에 여러 분야를 스마트폰에 의지하고 있어요. 그리고 SNS 등의 인터넷 공간은 제2의 생활 공간이기도 하죠. 인터넷 공간에서는 내가 누구인지 밝히지 않아도 활동할 수 있어요. 그러다 보니 상대를 불쾌하게 하거나 상처 주는 말을 쉽게 하는 경우가 있어요. 또는 상대가 원하지 않은 메시지나 이미지를 계속해서 보내기도 해요. 이것을 사이버 폭력이라고 해요. 사이버 폭력은 처벌받아야 하는 범죄예요. 사이버 폭력을 당했다면, 선생님이나 부모님께 알리세요. 그리고 나도 인터넷 공간에서 상대방을 불편하게 하는 일이 없도록 조심해야 해요.

사춘기

몸과 마음이 점차 어른으로 성장하는 시기를 말해요.

함께 익히기 성장, 몽정, 여드름, 월경

사람은 모두 아이에서 어른이 돼요. 몸과 마음이 아이에서 어른으로 변하는 시기가 사춘기예요. 사춘기에는 먼저 몸의 변화가 찾아오는데, 신기하기도 하고, 놀랍기도 할 거예요. 그러다 보니 예민해지고, 불안하기도 하고, 어른들 말씀이 듣기 싫어지기도 해요. 사춘기 때는 마음의 안정이 중요해요. 불안감이나 예민함이 계속 되면 몸과 마음의 건강을 해칠 수도 있어요. 여러분 주변의 어른들도 모두 사춘기를 겪었어요. 모두가 겪는 일이니 걱정하지 않아도 돼요. 사춘기가 나타나는 시기는 사람마다 달라요.

성폭력

성적인 행동이나 말로 다른 사람에게 신체적,
정신적 폭력을 가하는 행동을 말해요.

함께 익히기 해바라기센터

성폭력은 상대방을 성적으로 불쾌감을 느끼게 하는 모든 말과 행동을 말해요. 다른 사람의 몸을 허락 없이 만지는 것은 물론 몸에 대해 함부로 이야기하는 것도 성폭력이에요. 누군가가 내 몸을 만지거나 내 몸에 대해 불쾌한 말을 한다면 싫다고 말하세요. 그리고 그런 일이 벌어졌을 때 바로 믿을 수 있는 어른에게 알려야 해요. 반대로 자신의 말과 행동이 누군가에게 성폭력이 될 수 있다는 점을 잊지 말아야 해요.

소방 교육

화재를 예방하거나, 화재가 발생했을 때
어떻게 행동해야 하는지 배우는 시간을 말해요.

함께 익히기 화재

불로 인한 재난을 화재라고 해요. 불이 나면 무섭고, 놀라서 어떤 행동을 해야 할지 몰라요. 미리 대처 방법을 알아 두면 조금 더 침착하고 안전하게 대피할 수 있어요. 그리고 화재 대처 방법 못지않게 화재 예방법도 중요해요. 학교에서 소방 교육을 할 때는 적극적으로 참여하세요.

스쿨 존

**유치원이나 초등학교 주변에 설치한
어린이 보호 구역을 말해요.**

함께 익히기 교통 법규

어린이는 어른보다 몸집이 작아 운전자에게 잘 보이지 않아요. 그러다 보니 어린이가 어른보다 교통사고도 자주 당하고, 사고가 났을 때 더 위험해요. 그래서 어린이가 안전하게 유치원이나 학교에 다닐 수 있도록 유치원이나 초등학교 주변 300미터를 어린이 보호 구역으로 지정했어요. 이것을 흔히 스쿨 존이라고 해요. 스쿨 존에서는 모든 차가 30킬로미터 이하의 속도로 지나가야 하고, 차는 세워 둘 수 없어요. 등하교 시간을 비롯한 붐비는 시간에는 필요에 따라 차량이 다닐 수 없게 통제하기도 해요.

심폐 소생술

숨이 멈추거나 심장 박동이 멈추었을 때
곧바로 해야 하는 응급 처치예요.

함께 익히기 인공호흡

심장은 우리 몸 전체에 혈액을 순환시키는 역할을 해요. 심장이 멈추면 우리 몸에 혈액이 순환되지 않아 사망하게 돼요. 갑자기 심장이 멈췄다면 심장이 제 역할을 하게 해 줘야 살 수 있어요. 이때 필요한 처치가 심폐 소생술이에요. 심장 마비 환자에게 심폐 소생술을 해 줬을 때, 그렇지 않은 경우보다 생존 확률이 세 배나 높아진다고 해요.

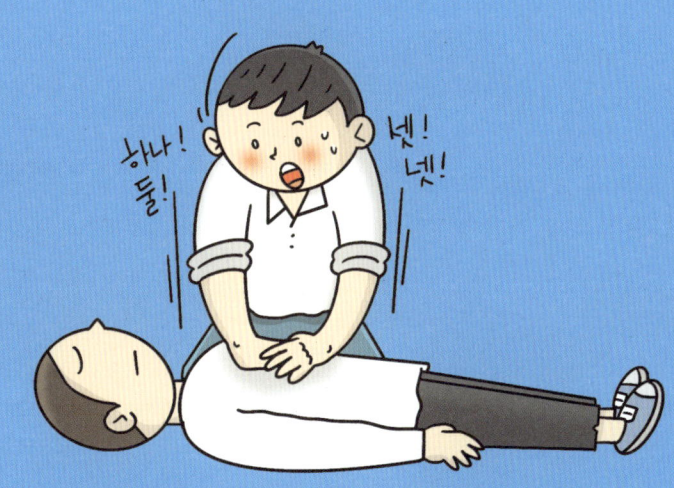

안전

위험하지 않은 상태를 말해요.

함께 익히기 안전사고, 보호 장비

가족들과 또는 친구들과 행복한 시간을 보낼 수 있는 건 안전하기 때문이에요. 우리가 안전하려면 여러 가지 규칙을 지켜야 해요. 자전거나 인라인스케이트를 탈 때는 보호 장비를 착용해야 하고, 횡단보도를 건널 때는 손을 들고 주위를 살피며 건너야 해요. 조금 답답하고, 시간이 걸리더라도 안전 수칙을 잘 지키도록 해요.

안전사고

안전 수칙을 잘 지키지 않았을 때,
일어나는 사고를 말해요.

함께 익히기 안전 수칙

언제 사고가 일어날지는 누구도 미리 알 수 없어요. 안전 수칙을 잘 지키면 사고가 나더라도 피해를 줄일 수 있어요. 복도에서 뛰거나 보호 장구를 착용하지 않고 자전거나 인라인스케이트 타는 일, 보행로에서 핸드폰을 보면서 걸어가는 일 등은 안전사고로 이어질 수 있어요. 안전 교육 시간에는 반드시 집중하세요.

안전 수칙

안전을 위해 지켜야 하는 약속이에요.

함께 익히기 준비 운동, 안전사고

안전을 위해서는 지켜야 하는 규칙이 있어요. 그걸 안전 수칙이라고 해요. 물놀이 안전 수칙을 예로 들어 볼게요. 물에 들어가기 전에는 충분히 준비 운동을 하고, 수영장이나 해수욕장에서는 경계선을 넘어가지 않고, 비가 온 뒤에는 계곡에서 물놀이하지 않고, 수영장에서는 물안경을 착용해 눈병으로부터 눈을 보호해야 해요.

안전 요원

위험이나 사고가 발생하지 않도록
일하는 사람을 말해요.

함께 익히기 안전사고, 구명조끼

놀이공원이나 수영장, 해수욕장처럼 사람이 많이 모이는 곳에는 안전 요원이 있어요. 안전사고가 일어나지 않도록 예방하는 역할을 하기도 하고, 사고가 났을 때 빨리 대처해 주는 역할도 해요. 물놀이할 때는 안전 요원이 잘 보이는 곳에서 하는 게 안전하겠죠? 그리고 안전 요원들의 지도에 잘 따라야 해요.

안전벨트

안전하게 사람의 몸을 고정시켜 주는 띠를 말해요.

자동차나 비행기 좌석에는 모두 안전벨트가 있어요. 안전벨트는 반드시 착용해야 해요. 가족들과 놀러 가거나 현장 학습을 갈 때 주로 차를 탈 거예요. 차에 앉았을 때는 가장 먼저 안전벨트를 착용하는 습관을 들이세요. 안전벨트 착용은 매우 중요한 일이기 때문에 모든 사람이 지켜야 하는 법으로 정해져 있답니다.

음란물

성적으로 유해한 내용을 담은
영화, 도서, 사진, 영상, 만화 등을 말해요.

함께 익히기 중독

나의 몸은 소중해요. 부모님도 내 몸을 함부로 할 수 없어요. 그런데 음란물은 사람의 몸을 가볍고 하찮은 것, 재미를 위해서 다른 사람의 몸을 함부로 다뤄도 되는 것처럼 표현해요. 음란물에 중독되면 다른 사람을 함부로 해도 된다고 생각하게 돼 범죄로 이어지기도 하고, 몸과 마음이 병들게 돼요.

음주

술을 마시는 행동이에요.

지나친 음주는 몸의 건강은 물론이고 마음 건강까지도 해칠 수 있어요. 술의 주성분은 알코올인데 많은 양이 한꺼번에 우리 몸에 들어가면 해로워요. 한창 성장 중인 시기에 술을 마신다면, 몸과 마음 건강에 나쁜 영향을 끼쳐요. 특히 음주 운전은 나쁠만 아니라 다른 사람의 생명을 위협하는 아주 잘못된 행동이에요. 술을 조금이라도 마셨다면, 가까운 거리라도 자동차 운전을 해서는 안 돼요. 주위의 어른들이 이런 행동하는 것을 목격한다면 말리거나, 어렵다면 다른 어른에게 꼭 알려야 해요.

응급 상황

**많이 아프거나, 크게 다쳐서
빨리 필요한 조치를 해야 하는 상황을 말해요.**

계단에서 굴러 다치거나, 피구를 하다가 공에 맞아 큰 통증을 느끼거나, 높은 곳에서 떨어져 다리가 부러지는 일은 학교에서 흔히 겪는 응급 상황이에요. 사고가 났을 때는 빨리 필요한 조치를 취해야 해요. 응급한 환자들을 빠르게 병원으로 실어 나르는 구급차를 다들 알고 있을 거예요. 구급차는 응급 환자를 최대한 빨리 이동시키기 위해 사이렌을 울려요. 어린이는 위험한 상황을 구분하지 못할 때가 있어요. 학교에서 생활하다가 갑자기 몸이 불편하면 가까이에 계신 선생님께 알려야 해요. 응급 상황은 학교에서뿐만 아니라 어디서든 벌어질 수 있어요. 응급 상황을 일어났을 때는, 어른에게 도움을 청하거나 119에 신고하세요.

이안류

해변으로 밀려오는 파도와 달리,
해변에서 바다 쪽으로 빠져나가는 파도를 말해요.

함께 익히기 익수 사고, 안전 요원

파도는 바다 멀리서 하얀 거품을 일으키며 모래사장으로 밀려와요. 그런데 이안류는 반대로 모래사장에서 바다 저 멀리로 파도가 치는 현상이에요. 파도가 거꾸로 친다니 상상이 되나요? 이안류가 발생하면 해수욕장에서 물놀이를 하고 있던 사람들이 파도에 휩쓸려 바다 깊은 곳으로 떠내려갈 수도 있어요. 해수욕장을 이용할 때는 반드시 이안류와 관련된 경고 문구가 있는지, 안전 요원이 근처에 있는지를 먼저 살피는 것이 중요하겠죠?

익수 사고

물에 빠져 일어나는 사고를 말해요.

함께 익히기 준비 운동, 이안류

해마다 수많은 익수 사고가 일어나요. 특히 몸집이 작고, 물놀이 경험이 적은 어린이가 익수 사고를 많이 당해요. 물 밖에서는 자유롭게 움직일 수 있지만, 물 안에서는 몸을 마음대로 움직이기 어려워요. 사고를 당했을 때, 소리를 내기도 어려워서 더 위험해요. 물놀이를 하기 전에 준비 운동을 하고, 물에 들어갈 때는 반드시 구명조끼나 튜브를 착용해야 해요. 수영을 잘한다고 해도 마찬가지예요. 익수 사고는 누구에게나 일어날 수 있어요. 부모님이나 안전 요원처럼 도움을 요청할 수 있는 사람이 보이는 곳에서 물놀이하는 게 좋아요.

인공호흡

호흡을 멈추거나, 호흡이 힘든 사람에게 다른 사람이나 기계의 힘을 빌려 폐에 공기를 불어 넣어 호흡할 수 있게 하는 응급조치를 말해요.

함께 익히기 심폐 소생술

호흡을 멈추면 우리 몸 안에 산소를 공급할 수 없어, 목숨을 잃을 수가 있어요. 빠른 시간 안에 다시 호흡이 돌아오도록 해야 해요. 이때 하는 응급조치가 인공호흡이에요. 인공호흡을 할 줄 아는 사람이 다른 사람이 환자의 입에 입으로 숨을 불어 넣거나 산소마스크를 사용해서 해요.

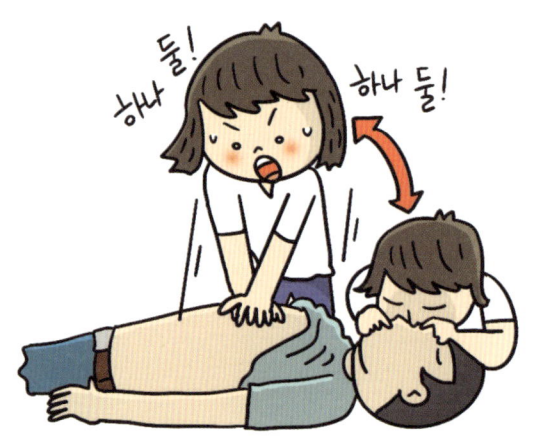

자동 심장 충격기

심장이 멈춘 환자에게 전기로 충격을 주어
심장이 다시 뛰도록 해 주는 도구예요.

함께 익히기 심폐 소생술

학교에서 보건실 옆이나 현관 근처에 'AED'라고 쓰여 있는 기계를 본 적이 있나요? 바로 자동 심장 충격기랍니다. 제세동기라고 부르기도 해요. 자동 심장 충격기는 죽을 위기에 처한 사람도 살릴 만큼 귀한 도구예요. 물론 자동 심장 충격기를 사용할 줄 아는 사람이 빠른 시간 안에 조치를 취해야만 해요. 여러분이 직접 사용하기에는 어려움이 있을 수 있겠지만, 자동 심장 충격기 사용법을 알아 두는 것이 좋아요.

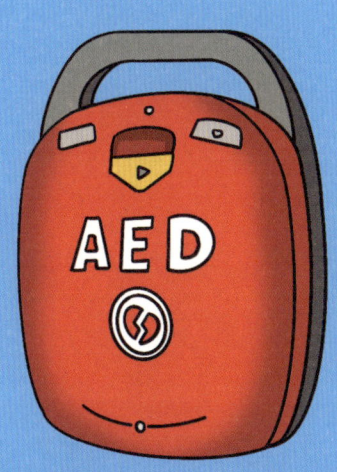

자존감

**자신을 소중하게 여기고,
사랑하며 믿어 주는 마음을 말해요.**

자존감은 자신이 가치 있고 소중하며 유능하고 긍정적인 존재라고 믿는 마음으로 자아 존중감이라고도 해요. 자존감이 높으면 다른 사람이 나를 놀렸을 때 기분은 나쁘더라도 크게 상처받지 않고, 화나는 일도 줄어들어요. 스스로가 소중하고 특별한 존재라는 걸 알기 때문이에요. 자존감이 높으면 힘든 상황 속에서도 쉽게 좌절하지 않아요. 물론 다른 사람도 소중하고 특별한 존재라는 걸 알고 있어서 쉽게 무시하지 않아요. 반대로 자존감이 낮아지면 무기력해지고, 우울감에 빠질 위험이 있으니 마음을 잘 돌봐야 해요.

지진

땅이 흔들리는 현상을 말해요.

우리가 사는 땅은 지층으로 이루어져 있어요. 지층은 오랜 시간 동안 흙, 모래 등이 겹겹이 쌓여 층을 이룬 것을 말해요. 이 지층이 지구 안에서 발생한 커다란 에너지를 오랫동안 받아서 끊어졌을 때, 지진이 발생해요. 지진은 강도마다 다른데 약한 단계는 사람이 느끼지 못하거나 약한 진동만 느끼기도 해요. 하지만 지진 강도가 높으면 건물이 흔들리거나 무너지고, 땅이 갈라지기도 해요. 우리나라도 이제 지진 안전지대가 아니라고 해요. 지진이 발생했을 때, 집이나 학교라면 책상이나 탁자, 식탁 밑으로 피한 다음 인솔자의 안내를 따르세요. 바깥이라면 가방이나 손으로 머리를 감싸고, 운동장이나 공원 같은 주변에 건물이 없는 넓은 장소로 대피해요. 만약 엘리베이터에 타고 있다면 최대한 빨리 내려서 계단으로 빠져나가야 해요.

출혈

혈관 밖으로 피가 나는 것을 말해요.

함께 익히기 **혈액**

우리 몸속에는 혈관이 있고, 혈관 속에 피가 흘러요. 혈관에 상처가 나면 피가 혈관 밖으로 나와요. 이걸 출혈이라고 오는데, 작은 상처는 혈소판이 피를 굳게 만들어 더 이상 피가 나지 않게 해요. 하지만 크게 다치면 피를 굉장히 많이 흘리게 되는데, 생명에 위험이 될 수도 있어요. 몸 안에서 생기는 출혈은 보이지 않지만 몸 밖에 생기는 출혈은 눈에 보여요. 상처가 났을 때는 어른에게 알려서 바로 치료할 수 있도록 해야 해요.

태풍

폭풍우를 몰고 오는
열대성 저기압을 말해요.

태풍이 오고 있다는 뉴스를 본 적 있나요? 태풍은 주로 태평양 남쪽에서 발생해 7~9월쯤 우리나라로 불어와요. 강한 바람과 엄청난 양의 비를 몰고 오기 때문에 태풍이 오면 큰 피해를 보는 곳들이 생겨요. 논이 물에 잠기기도 하고, 거센 바람 때문에 과일이 떨어지거나 나무가 부러지기도 하고, 바닷가 마을은 큰 수해를 입기도 해요. 태풍이 올라오면, 뉴스나 인터넷으로 바깥 상황을 수시로 확인해야 해요. 외출은 되도록 하지 말고, 창문을 잘 닫아 두어야 해요.

폭염

매우 심한 더위를 말해요.

함께 익히기 **일사병**

여름철이 되면 덥고 습해지죠? 그래서 여름에는 다른 계절보다 땀도 많이 흘리게 되고, 금방 지치게 돼요. 더위가 매우 심해지면 사망 사고가 발생하기도 해요. 매우 심한 더위를 폭염이라고 하는데 낮 기온이 33도 이상일 때를 가리켜요. 폭염이 이틀 이상 이어지면 폭염 주의보가 내려져요. 폭염일 때는 되도록이면 실외 활동을 하지 않는 게 좋아요. 실외 활동을 해야 할 때는 그늘에서 충분히 쉬고, 물을 자주 마셔야 해요.

폭염일 때는 햇볕을 피하고, 물을 충분히 마셔야 돼.

학교 폭력

학교 안팎에서 학생들 사이에
일어나는 폭력을 말해요.

함께 익히기 **트라우마**

학교 폭력이라고 하면 때리거나 돈을 뺏는 모습을 떠올리기 쉬울 거예요. 하지만, 학교에서 일어나는 폭력은 꼭 신체 폭력만 있는 건 아니에요. 친구와 관련된 안 좋은 소문을 퍼트리거나, 약점을 지적해 친구에게 상처를 주는 것도 폭력이에요. 친구의 물건을 숨기는 행동도 마찬가지예요. 내가 장난으로 한 행동이라도, 상대방의 마음을 힘들게 한다면 분명한 폭력이에요. 나의 행동을 내 관점이 아닌, 상대방의 관점에서 바라보는 태도가 필요해요. 학교 폭력을 당했다면 꼭 선생님이나 부모님에게 말해야 해요. 그래야 더 이상의 학교 폭력을 멈출 수 있어요.

해바라기센터

가정 폭력, 성폭력 피해자들을 돕는 곳이에요.

함께 익히기 성폭력

가정 폭력, 성폭력 피해자는 필요한 도움을 제때 받지 못하면 일상생활을 하기 힘들어요. 가정 폭력, 성폭력 피해자가 도움을 받을 수 있는 곳이 해바라기센터예요. 해바라기센터는 피해자를 보호하고, 치료받을 수 있게 해 줘요. 직접 찾아가지 않아도 돼요. 도움이 필요할 때 전화나 인터넷으로 신청하면 돼요.

해파리 쏘임

해파리에게 쏘이는 사고로
주로 여름철 바닷가에서 발생해요.

바닷가는 사람들이 많이 찾는 여름 휴가지예요. 바닷물에 튜브를 타고 넘실거리는 파도를 즐겨 본 적이 있는 사람들은 그 재미를 잘 알 거예요. 그런데 바닷가에는 우리 눈에 안 보이는 위험이 있어요. 바로 독성이 있는 해파리예요. 해파리는 주로 물살이 느린 곳에 나타나는데 해파리에 쏘이면 쏘인 곳이 빨갛게 부어올라요. 열이 나기도 하고, 심할 때는 호흡 곤란이 나타나기도 해요. 해파리에 쏘인 것 같다면 바로 물 밖으로 나와서 바로 119에 신고해야 해요. 그리고 쏘인 곳은 빨리 식염수로 씻어 내세요. 주변에 안전 요원이 있다면, 물놀이를 하기 전 해파리가 나타나는지를 확인해 보는 게 좋아요. 우리나라에 주로 나타나는 해파리로는 노무라입깃해파리, 보름달물해파리가 있어요.

화재

불로 인한 재난을 말해요.

함께 익히기 소방 교육

화재는 한번 일어나면 큰 피해가 생겨요. 사소한 불장난이나 무심코 버린 담배꽁초 하나로 화재가 발생했다는 뉴스를 들어 봤을 거예요. 불장난은 위험하니 하지 말고, 가스레인지나 전자레인지를 사용할 때는 주의해야 해요. 그리고 화재가 발생했을 때는 불을 끄려 하지 말고, 재빨리 119에 신고하고, 몸을 숙여 대피해야 해요. 그리고 주위 어른에게 화재가 일어난 곳을 알려야 해요. 학교에서 하는 소방 교육에 잘 참여하면 화재 대처나 예방에 도움이 된답니다.

황사

작은 모래나 먼지가 바람을 타고 날아와 아래로 떨어지는 현상을 말해요. 우리나라에서는 봄철에 일어나요.

함께 익히기 마스크, 기관지

황사는 중국과 몽골 사막 지대에 우리나라로 불어와요. 사막에는 아주 작은 모래들이 있는데 강한 바람을 타면 먼 곳까지 날아갈 수 있어요. 이 모래는 중국의 공장 지대를 지나면서, 해로운 물질과 섞인 미세 먼지와 함께 날아와요. 황사는 하늘을 뿌옇게 만들고, 우리의 건강을 해치죠. 황사가 심한 날은 눈이나 목이 따끔거려요. 황사가 심한 날은 야외 활동을 되도록 하지 말아야 해요. 기관지가 약하다면 특히 더 조심해야 해요.

흡연

담배 피우는 행동을 말해요.

함께 익히기 중독

흡연은 폐암의 주요 원인으로 알려졌어요. 폐암뿐만 아니라 구강암, 후두암 그리고 심혈관 질환까지도 일으킬 수 있어요. 흡연이 좋지 않다는 건 흡연하는 사람들도 알고 있어요. 그런데 왜 쉽게 그만두지 못할까요? 담배에는 니코틴이라는 중독성 강한 물질이 들어 있는데 이것에 한번 길들면 벗어나기 힘들다고 해요. 특히 흡연은 어린이, 청소년에게 더 해로워요. 유튜브를 보고 따라하다가 흡연을 시작한 어린이와 청소년들이 있는데, 흡연은 어떤 경우라도 절대 해서는 안 돼요.

위생

건강의 필수 요소

감염

**질병을 일으키는 세균이나 바이러스가
우리 몸에 들어와 퍼지는 걸 말해요.**

함께 익히기 기생충, 세균, 결핵, 볼거리

질병은 바이러스, 세균, 곰팡이, 기생충, 진드기, 벼룩 등이 우리 몸에 침투하면서 생겨요. 다른 사람의 침방울이나, 공기, 다른 사람과 신체 접촉, 오염된 물이나 음식으로 감염이 돼요. 특히 우리는 대부분 손을 사용해서 활동하는데, 손에는 세균이 많아 자주 씻어야 해요. 갑자기 열이 나거나, 몸이 으슬으슬 춥거나, 식욕이 떨어지면 감염을 의심해 봐야 해요. 감염되면 우리 몸의 면역 세포들이 병원균과 싸우는데, 면역 세포가 튼튼해야 질병에 덜 걸리거나 덜 아플 수 있어요. 면역 세포들을 튼튼하게 하려면 음식을 골고루 먹고, 운동을 꾸준히 해 줘야 해요.

기생충

사람이나 동물의 몸에 붙어서
양분을 빨아먹고 사는 벌레를 말해요.

함께 익히기 감염

기생충은 회충처럼 사람이나 동물 몸속에 기생하는 기생충과 이나 벼룩처럼 몸 밖에 기생하는 기생충이 있어요. 이나 벼룩 같은 몸 밖에 기생하는 기생충은 위생 상태가 좋아지면서 거의 없어졌어요. 하지만 회충처럼 몸속에 기생하는 기생충은 알의 형태로 음식물을 통해서 우리 몸에 들어와요. 우리 몸에 필요한 영양분을 먹기 때문에 우리의 건강을 위협해요. 심하면 목숨을 잃을 수도 있어요. 음식은 익혀서 먹고, 손발을 깨끗하게 해야 해요. 그리고 1년에 한 번은 구충제를 먹는 게 좋아요.

냉장고

**식품이나 약품 등이 상하지 않도록
저온에서 보관할 수 있는 전자 기기를 말해요.**

함께 익히기 식중독, 유통 기한, 부패

냉장고는 음식이 상하거나 변질되지 않도록 차갑게 보관하는 장치예요. 냉장실과 냉동실로 나뉘어 있고 전기와 가스, 냉매 등으로 냉장고 내부 온도를 차갑게 유지시켜 줘요. 냉장실에는 바로 먹을 수 있는 식품을 보관하고, 냉동실에는 얼려야 하거나 오래 저장해야 하는 식품을 보관해요. 냉장고에 음식이나 약품을 보관할 때는 냄새가 나지 않도록 밀폐 용기에 담아서 보관해요. 그리고 주기적으로 청소도 해야 해요. 그렇지 않으면 식품이 오염돼서 식중독을 일으킬 수 있으니 주의해야 해요. 또, 냉장고에 넣어 둔다고 해서 음식이 상하지 않는 건 아니니 음식의 상태를 수시로 확인하고 유통 기한이 있는 음식은 잘 확인하고 먹어야 해요.

마스크

병균이나 먼지를 막기 위해
입과 코를 가리는 물건을 말해요.

함께 익히기 감염, 황사, 기관지

마스크는 넓은 의미에서 우리가 얼굴을 가리는 데 쓰는 물건을 말해요. 요즘 우리가 주로 사용하는 보건용 마스크나 비말 차단용 마스크 말고도, 수술용 마스크, 조리용 마스크 등이 있어요. 미세 먼지가 심해지고, 코로나19가 유행하면서 마스크의 중요성이 커졌어요. 호흡기 질환을 가장 효과적으로 예방하는 방법이 바로 마스크를 쓰는 거예요. 코로나19 예방과 미세 먼지 차단을 위해서는 KF94나 KF80 등급의 마스크를 착용해야 해요.

목욕

머리를 감으며 온몸을 씻는 일이에요.

함께 익히기 세균, 비누, 위생

건강을 위해서는 몸을 깨끗하게 씻는 게 중요해요. 몸이 청결하면 세균이 우리 몸에 쉽게 들어올 수 없어요. 목욕은 머리부터 온몸을 씻는 일로 욕조 목욕이 아닌 경우 보통 샤워라고 해요. 샤워 볼이나 손에 비누나 샤워 젤을 묻혀 거품을 낸 뒤 몸을 닦고, 샤워기로 헹궈요. 시간은 10~15분 정도면 적당해요. 욕조에 몸을 담가 목욕할 때는 미지근한 물에서 30분 정도 하는 게 적당해요. 욕조 목욕은 매일 하지 못하더라도 샤워는 매일 하는 게 좋아요. 샤워나 목욕을 마친 뒤에는 보습제를 발라서 몸이 건조하지 않도록 하세요.

몽정

남자가 잠을 자는 중에 무의식적으로
정액을 배출하는 현상을 말해요.

함께 익히기 **사춘기**

사춘기가 되면 성호르몬이 생성되어 남자의 고환에는 정자가 만들어지기 시작해요. 정자는 여자 몸의 난자와 만나면 아기를 만들 수 있어요. 정자들이 모인 흰 액체를 정액이라고 해요. 정자는 계속해서 만들어지는데, 새로운 정자를 보관하기 위해 오래된 정자는 음경을 통해 몸 밖으로 내보내요. 이걸 사정이라고 해요. 그리고 꿈을 꾸는 동안 사정하는 걸 몽정이라고 해요. 내 몸이 어른이 되고 있다는 증거예요. 그러니 놀라지 않아도 돼요. 몽정하면 당황하지 말고 몸을 씻고, 속옷을 갈아입어요.

부패

물질이 미생물에 의해 썩는 것을 말해요.

함께 익히기 냉장고, 세균

우유를 며칠 동안 냉장고에 넣지 않고 실온에 둔 적이 있나요? 그러면 우유가 상해요. 부패한다고도 하죠. 부패는 세균 같은 미생물이 단백질이나 지방을 분해하면서 생기는 현상이에요. 분해 과정을 거치면 색이 변하고 독특한 냄새도 나고, 유독성 물질도 생겨요. 그래서 부패한 음식을 먹으면 탈이 나는 거예요.

비누

때를 씻어 낼 때 쓰는 물건이에요.

함께 익히기 목욕

비누는 아주 오래전부터 사용했어요. 하지만 처음에는 상류층만 사용할 수 있는 사치품이었지요. 누구나 쉽게 비누를 사용하게 된 건 불과 230년 정도밖에 되지 않았어요. 많은 사람이 비누를 사용하기 시작하면서 위생이 개선됐고, 감염병도 줄었어요. 비누로 손을 자주 씻어 주세요. 그리고 비누칠을 한 뒤에는 물로 꼼꼼하게 헹구어 내는 것도 잊지 마세요.

비말

날아 흩어지거나, 튀어 오를 정도의 작은 물방울을 말해요.

기침, 재채기를 하면 침과 콧물 방울이 나와요. 아주 작은 크기라 우리 눈에는 보이지 않는데, 이를 비말이라고 하지요. 한 번 기침했을 때, 약 3천 개의 비말이 2미터 안으로 퍼져요. 우리가 질병에 걸렸을 때는 병균이 비말을 통해 공기 중으로 퍼질 수 있어요. 대부분의 병원균은 공기 중에서 죽지만 다른 사람의 몸에 들어가면 병을 전염시킬 수 있죠. 그래서 기침이나 재채기를 할 때는, 옷 소매로 가리고 해야 해요. 손으로 가리면, 손을 통해 다른 사람에게 전염시킬 수 있기 때문이에요. 코로나, 감기 등의 호흡기 질환을 예방하기 위해서는 비말 차단 효과가 있는 마스크 착용이 필요해요.

빨래

옷이나 옷감의 더러움을 제거하기 위해서
씻고 헹구는 일이에요.

함께 익히기 세척

우리는 매일 옷을 입어요. 옷은 입고 나면 땀과 먼지, 매연, 음식물 등으로 오염돼요. 옷이 오염되면 보기에도 안 좋고, 위생에도 좋지 않아요. 그래서 빨래를 하죠. 옷에 묻은 오염 물질의 성분은 대부분 지방과 단백질이에요. 물에 씻고 헹구면 오염 물질이 녹아 없어져요. 그렇다면 세제는 왜 사용하냐고요? 세제를 사용하면 오염 물질을 훨씬 쉽게 제거할 수 있기 때문이에요. 그리고 빨래는 옷을 깨끗하게 할 뿐만 아니라 옷을 더 오래 입을 수 있게 해 줘요.

산성 식품

인이나 황이 많이 들어 있는 식품으로,
먹고 나면 우리 몸의 산성이 높아져요.

함께 익히기 알칼리성 식품

산성 식품은 대부분 열량이 높고, 단백질 등이 풍부해요. 우리가 힘을 낼 수 있게 하고, 피와 살을 만드는 영양소들을 주로 갖고 있어요. 쇠고기, 돼지고기, 닭고기, 생선, 달걀, 콩 등이 대표적인 산성 신품이에요. 산성 식품을 많이 먹으면 몸에 해롭다고 생각하는 사람들이 있어요. 꼭 그렇지는 않아요. 하지만 산성 식품만 먹으면 영양의 균형이 맞지 않아 건강을 해칠 수 있어요.

살균 소독

감염이나 전염을 예방하기 위해
세균이나 병원균을 없애는 일을 말해요.

입에 들어가는 식기나 손으로 자주 만지는 물건은 살균 소독이 필요해요. 주로 살균기를 사용하거나 끓는 물에 삶는 방법으로 소독하지요. 소독용 알코올이나 세제로 닦기도 하고, 햇볕에 말리기도 해요. 특히 우리가 자주 사용하는 스마트폰, 이어폰, 컴퓨터 키보드, 마우스 등은 꼼꼼하게 소독해야 해요.

속옷

겉옷 안에 입는 옷을 말해요.

함께 익히기 **위생**

속옷은 땀처럼 우리 몸에서 나오는 분비물을 흡수해요. 그래서 속옷은 자주 갈아입어야 청결한 상태를 유지할 수 있어요. 속옷은 겉옷에 살갗이 쓸리는 것을 막아 주기도 해요. 속옷은 부드럽고, 습기를 잘 흡수하고, 바람이 잘 통하는 소재가 좋겠지요. 남자와 여자의 신체 특징이 달라서 속옷의 모양도 서로 달라요.

손 소독제

**감염이나 전염을 예방하기 위해
손에 있는 병균을 죽이는 데 쓰는 액체를 말해요.**

함께 익히기 비누, 세균, 살균 소독

한때 손 소독제는 병원에서만 쓰였어요. 의사와 간호사들이 수술할 때만 사용했다고 해요. 신종 인플루엔자를 비롯한 집단 감염을 계기로 널리 쓰이게 됐죠. 손 소독제는 비누로 손을 씻는 효과를 줘서 특히 물이 없을 때 유용해요. 손 소독제를 사용할 때는 손이 완전히 건조될 때까지 손을 비비거나 가볍게 톡톡 치세요. 손 소독제의 주요 성분인 알코올은 증발하면서 세균과 함께 끈적함을 없애 줘요.

손톱 위생 관리

손톱을 깔끔하게 관리하는 걸 말해요.

함께 익히기 세균, 위생

우리 몸에서 세균이 가장 많이 사는 곳은 어디일까요? 바로 손이에요. 우리는 무언가를 잡거나 만질 때 모두 손을 사용하는데, 손과 닿는 모든 것들의 세균이 손으로 모이는 거죠. 특히 손톱 밑은 세균이 번식하기 좋은 장소예요. 손을 자주 씻더라도 손톱이 길면, 세균이 많을 확률이 높아요. 손톱 밑은 습기가 바로 없어지지 않아서 세균이 쉽게 번식해요. 세균 한 마리는 한 시간 만에 64만 마리까지도 번식할 수 있어요. 감기, 독감, 눈병 등의 감염병은 대부분 손에 있는 세균을 통해 감염돼요. 그래서 손톱은 자주 손질하는 게 좋아요. 손톱이 길다고 물어뜯으면 안 돼요. 반드시 손톱깎이로 손톱을 정리하세요.

세균

하나의 세포로 이루어진,
가장 작은 생물이에요.

함께 익히기 바이러스, 위생, 부패

우리가 아는 대장균, 식중독균 등이 바로 세균이에요. 세균은 물과 적당한 공기, 영양분만 있으면 한 마리가 네 시간 만에 백만 마리 이상으로 불어날 수도 있어요. 이걸 세균 증식이라고 해요. 세균은 특히 여름처럼 덥고, 습한 날씨에서 더 잘 증식해요. 질병을 일으키는 세균이 우리 몸에 들어오면 설사, 구토, 복통, 매스꺼움, 두통 등이 생겨요. 물론 세균이 해롭기만 한 건 아니에요. 유산균처럼 우리 몸에 좋은 세균도 있고, 죽은 동물이나 낙엽 등을 분해해서 자연을 깨끗하게 해 주기도 해요.

세척

깨끗이 씻는 것을 말해요.

함께 익히기 비누, 빨래

세척은 주로 물이나 세제를 이용해서 물건이나 식품의 오염된 부분을 깨끗하게 씻는 것을 말해요. 세척할 때는 세척하고자 하는 것과 적합한 도구나 방법을 사용해야 해요. 조리 도구는 주방 세제를 사용해 세척하고, 실내화나 신발주머니 옷 등은 세탁 세제나 전용 세제를 사용해요. 과일은 베이킹소다를 이용해서 세척하는 게 좋아요. 여러분이 자주 사용하는 리코더, 단소 등도 주기적으로 세척해야 해요. 세척하기 어렵지 않은 물건은 여러분이 스스로 세척해 보는 건 어떨까요?

스케일링

치과에서 하는 시술의 한 종류로,
치아에서 치석을 제거하는 일을 말해요.

양치질을 하루에 서너 번씩 규칙적으로 해도 치아 사이와 잇몸에는 불순물이나 세균이 남아 있어요. 치아에 남은 세균들은 치태라는 세균 막을 만들고 이 치태가 단단하게 굳어지면 치석이 돼요. 치석을 제때 제거하지 않으면 충치 등으로 치아가 아파져요. 치석 제거는 집에서 하기 어려워서 치과에서 받아요. 스케일링은 우리 눈에 잘 보이지 않는 곳의 불순물도 제거해요. 보통 1년에 한 번 정도면 충분해요.

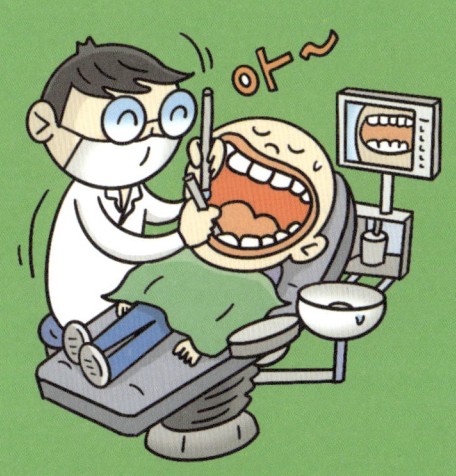

알칼리성 식품

나트륨, 칼륨이 많이 들어 있는 식품으로,
먹고 나면 우리 몸의 알칼리성이 높아져요.

함께 익히기 산성 식품

알칼리성 식품은 칼슘이나, 칼륨, 미네랄 등 우리 몸의 건강을 유지하는 데 필요한 영양소들을 주로 갖고 있어요. 과일, 채소, 우유, 미역, 달걀 등이 대표적인 알칼리성 식품이에요. 달걀은 조금 독특한데, 흰자는 알칼리성 식품이고, 노른자는 산성 식품이에요. 그래서 달걀은 완전식품이라고도 불리죠. 여러분 중에는 알칼리성 식품을 안 좋아하는 사람도 있을 거예요. 알칼리성 식품도, 산성 식품도 몸에 꼭 필요하므로 음식을 골고루 먹어야 해요.

양치질

치아 건강을 위해 칫솔과 치약 등으로 이를 닦고,
입을 헹구는 일을 말해요.

함께 익히기 **333 법칙**

우리가 음식을 먹으면 이 사이에 음식 찌꺼기가 껴요. 그렇게 되면 세균이 살게 되면서 충치와 여러 질병이 생겨요. 그래서 음식을 먹고 난 뒤와 자기 전에는 꼭 양치질로 입안을 깨끗하게 해야 해요. 양치질 도구는 칫솔과 치약 말고도 치실과 치간 칫솔 등이 있어요. 칫솔질은 칫솔의 솔 끝을 잇몸 끝에서 치아 끝으로 하는 게 좋아요. 3~5분 정도 치아 구석구석을 양치질하고, 입안을 헹굴 때는 치약이 남지 않도록 주의해야 해요. 칫솔질은 먹은 음식에 따라 시간이나 방법이 조금씩 달라지기도 해요.

여드름

주로 사춘기 때, 얼굴에 생기는
작은 종기를 말해요.

함께 익히기 사춘기

여러분이 고학년이 되면, 얼굴에 여드름이 날 거예요. 처음에는 놀랄 수 있어요. 하지만 성장하면서 생기는 자연스러운 현상이니까 걱정하지 않아도 돼요. 피부에는 피지선이 있어요. 피지선은 우리의 살갗이나 머리카락이 건강하고, 윤기 있게 해 줘요. 그런데 호르몬 분비가 많은 사춘기 때가 되면 피지선에서 우리 몸에 필요한 것보다 많이 지방이 나와서 피부에 염증이 생기는데 이걸 여드름이라고 해요. 얼굴 등 기름기가 많은 부위에 잘 생기는데 평소보다 자주 씻고, 기름기가 없는 음식을 먹어야 해요.
여드름은 손으로 만지면 안 되고, 심하다 싶으면 병원에서 진료를 받는 게 좋아요.

월경

성숙한 여자의 자궁에서 주기적으로
피가 나오는 생리 현상이에요.

함께 익히기 사춘기, 출혈, 혈액

사춘기 여자의 몸에 일어나는 가장 큰 변화가 바로 월경이에요. 다른 말로 생리, 정혈이라고도 해요. 월경할 때 나오는 피는 내 몸에서 가장 깨끗하고 영양분이 많은 피예요. 건강이 안 좋아서 흘리는 피가 아니니 걱정하지 않아도 돼요. 모든 여자가 다 겪는 일이니 부끄러워하지 않아도 돼요. 어른의 몸으로 변하고 있다는 증거예요. 월경을 시작하면 월경 용품이 필요해요. 월경 용품은 월경혈이 옷에 묻는 일을 방지해요. 패드형 월경대(생리대)와 탐폰, 월경컵 등이 있어요. 월경대는 위생을 위해 적절히 교체해서 사용해요.

위생

**건강을 위해 질병을 예방하고,
치료하는 데 힘쓰는 것을 말해요.**

함께 익히기 목욕, 양치질

건강을 위해서는 가장 먼저 우리 몸이나 주변을 깨끗하게 해야 해요. 그래야 병을 일으키는 세균이 줄어들거든요. 손 씻기, 양치질, 목욕, 손톱 정리 등은 규칙적으로 해야 하는 일이죠. 학교에서도 위생을 지키기 위한 규칙들이 있어요. 자주 손을 씻기, 손 소독제를 사용하기, 급식 먹을 때는 입 안에 음식물이 있는 채로 이야기하지 말기, 기침할 때는 옷 소매로 입 가리기 등이 있어요.

체온계

체온을 재는 데 사용하는 온도계예요.

함께 익히기 체온

사람의 적정 체온은 36.5~37도예요. 적정 체온이 아닐 때는 우리 몸에 이상이 있거나 아프다는 거예요. 그래서 체온을 재는 것만으로도 건강 상태를 확인할 수 있어요. 체온계는 우리 몸에 직접 대서 체온을 재는 접촉식 체온계와 적외선 센서로 체온을 재는 비접촉식 체온계가 있어요. 가정에서는 접촉식 체온계를 사용하지만 학교와 같은 공공장소에서는 온도계를 통한 감염을 피하고자 비접촉식 체온계를 사용해요. 춥거나 더운 날에 체온을 재면 온도가 낮거나 높게 나올 수 있어요. 그런 날에는 실내에서 조금 머물다가 체온을 재는 게 좋아요.

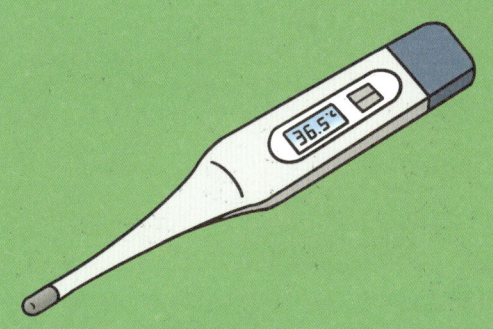

청소

더러운 곳을 깨끗이 하는 일이에요.

함께 익히기 **환기**

우리가 생활하는 모든 공간에는 먼지가 쌓여요. 그 밖에도 쓰레기나 우리 몸에서 나온 머리카락 등으로 금방 지저분해져요. 그렇게 되면 곰팡이나 세균이 살기 좋은 환경이 돼 병에 걸리기 쉬워요. 청소는 위생을 유지하는 기본적인 방법이에요. 자주 접하는 바닥, 책상, 식탁 등은 자주 청소해야 해요. 평소에는 먼지가 잘 보이지 않는 창틀, 장식장 등도 신경 써야 하고요. 청소할 때는 먼저 창문을 열어서 공기가 드나들도록 환기해야 한다는 거, 기억하세요.

충치

세균의 영향으로 마치 벌레 먹은 것처럼
이가 상하는 질환을 말해요.

함께 익히기 333 법칙, 양치질

치아우식증이라고도 해요. 우리가 음식을 먹으면 이 사이에 음식물 찌꺼기가 껴요. 입안에 사는 세균들은 이 찌꺼기를 분해하는데 그러면서 충치가 생겨요. 충치는 치료할 수 있지만 충치가 생기기 전에 예방하는 게 좋겠죠? 가장 중요한 건 양치질이에요. 구강 청결제도 같이 사용해 주면 좋아요. 1년에 한 번씩은 치과에서 검진받는 게 좋아요. 젤리, 캐러멜처럼 치아에 달라붙어 잘 떨어지지 않는 음식은 덜 먹도록 해요.

호르몬

우리 몸의 여러 활동을 조절하는 물질을 말해요.

함께 익히기 성장, 성조숙증

여러분이 축구하다가 골을 넣었을 때, 누군가에게 칭찬을 들었을 때 기분이 좋아지죠? 이게 바로 호르몬 때문이에요. 호르몬은 우리 몸속의 내분비 기관 만들어져서 혈액으로 운반되는 화학 물질이에요. 호르몬은 우리의 감정뿐만 아니라, 음식물을 소화할 때, 잠을 잘 때, 키 크는 데도 영향을 줘요.

환기

탁한 공기를 맑은 공기를 바꾸는 걸 말해요.

함께 익히기 멀미, 황사, 청소

교실이나 방 안, 차 안 등의 창문이나 문을 열어서 실내 공기는 내보내고, 바깥 공기는 들어오게 하는 걸 환기라고 해요. 우리가 숨을 쉬거나 움직이는 것만으로도 이산화탄소나 미세 먼지 같은 오염 물질이 생겨요. 청소할 때 환기는 필수예요. 환기만으로도 실내의 오염 물질을 줄일 수 있어요. 겨울에는 춥다고 환기를 안 하는 경우가 있는데, 차가운 공기보다 병원균이 많은 공기가 더 건강에 안 좋아요. 미세 먼지가 발생해도 '매우 나쁨' 단계가 아니라면 짧게나마 환기를 하는 게 좋아요.

333 법칙

**하루 세 번, 식후 3분 이내,
3분 동안 양치질하자는 캠페인이에요.**

함께 익히기 양치질, 충치

333 법칙은 양치질 습관을 들이는 데 좋은 방법이에요. 하지만 무조건 333 법칙대로 양치질을 하면 안 돼요. 콜라와 사이다 같은 탄산음료, 주스, 식초가 포함된 음식 등을 먹고 나서 바로 양치질을 했다가는 치아가 상할 수 있어요. 이런 음식을 먹었다면 물로 입안을 헹구고 30분 후에 양치질하는 게 좋아요. 그리고 한밤중은 세균이 가장 많이 늘어나는 시간이에요. 그래서 음식을 먹지 않았더라도 자기 전에 양치질해야 해요. 333 법칙대로 하면서도, 상황에 따라 양치하는 시간을 바꾸거나 횟수를 늘려 주세요.

건강

정신적으로나 육체적으로 아무 탈이 없고,
튼튼한 상태를 말해요.

함께 익히기 기초 체력

건강이라고 하면 몸의 건강만 생각하는데 마음의 건강까지도 포함해요. 건강해지려면 규칙적인 생활과 꾸준한 운동이 필요해요. 음식도 골고루 먹어야 하죠. 그리고 긍정적으로 생각해야 해요. 그렇게 건강을 유지해야 하고 싶은 것도 할 수 있어요.

경쟁

개인이나 팀별로 서로 능력을
겨루는 것을 말해요.

경쟁할 때는 이기는 것도 중요하지만, 상대를 배려하고, 정정당당하게 겨루는 태도가 중요해요. 초등학교에서는 크게 세 가지의 경쟁 활동을 배워요. 영역형 경쟁은 두 팀이 각각의 영역을 갖고, 상대 팀 영역에 들어가 상대 팀 골대에 골을 넣기 위해 경쟁하는 활동으로 축구나 농구가 해당해요. 필드형 경쟁은 두 팀이 일정한 공간에 들어가 공격과 수비를 번갈아 가면서, 공을 치고, 던지고, 받으면서 겨루는 활동으로 야구, 발야구, 티볼 등이 있어요. 네트형 경쟁은 네트를 중심으로 두 명이나 두 팀이 공을 보내고, 막으면서 겨루는 활동으로 배구, 배드민턴, 탁구 등이 있어요.

관절

**뼈들이 서로 맞닿아 연결된 부분으로,
움직일 수 있는 관절과 움직일 수 없는 관절이 있어요.**

함께 익히기 뼈

관절은 뼈와 뼈가 만나는 곳으로, 우리가 자유롭게 팔다리를 움직일 수 있는 것도 모두 관절 덕분이에요. 어깨, 무릎, 손목, 손가락, 발목, 엉덩이, 턱 등 우리 몸 전체에 있어요. 유연성이라는 말을 들어봤나요? 관절이 움직일 수 있는 범위가 유연성이에요. 사람에 따라 차이가 있지만 운동 등으로 관절이 움직일 수 있는 범위를 늘릴 수 있어요. 관절은 많이 움직이는 곳이라 다치기도 쉬워요. 무리하게 운동하거나, 넘어지거나, 부딪쳤을 때 관절이 다칠 수 있으니 주의하세요. 본격적인 운동을 하기 전에 손목이나 발목, 무릎 돌리기를 하면 관절을 풀어 줄 수 있어요. 물론 운동 후에도 하면 좋아요.

근력과 근지구력

**근력은 근육이 내는 힘을 말해요.
근지구력은 근육이 오랜 시간 동안 낼 수 있는 힘을 말해요.**

함께 익히기 근육

근력과 근지구력은 운동을 통해 기를 수 있어요. 근력이 강해지면 공을 더 멀리 던지거나, 더 빨리 달릴 수 있어요. 근지구력이 강해지면 쉽게 지치지 않고, 오랫동안 운동할 수 있어요. 근력과 근지구력을 기르면 신체도 균형 있게 발달하고, 피로를 덜 느껴요. 여러분이 할 수 있는, 근력과 근지구력을 기르는 운동으로는 밴드 잡고 두 팔 크게 벌리기, 팔 굽혀 펴기, 두 발 모아 들어 올리기, 앞굽이 앉았다 일어서기 등이 있어요.

근육

**우리 몸이 움직일 수 있게 하고,
뼈를 보호하는 조직이에요.**

함께 익히기 **근력과 지구력**

근육은 우리가 움직일 수 있는, 몸 모든 곳에 있어요. 근육은 크게 골격근, 심장근, 내장근으로 구분할 수 있어요. 골격근은 뼈에 붙어 있는 근육이에요. 보통 우리가 말하는 근육은 이 골격근이에요. 내장근은 우리 몸의 소화기를 비롯한 장기의 벽을 이루고 있는 근육이에요. 심장근은 심장에서만 볼 수 있는 근육이죠. 근육은 바른 자세를 유지하게 도와주고, 관절과 관절을 연결해 줘요. 심장과 내장 기관 등 우리 몸속의 기관도 움직이죠. 우리에게 꼭 필요한 근육은 운동할수록 발달해요. 그래서 꾸준히 운동하는 습관이 필요해요.

기관과 기관지

기관은 척추동물이 숨 쉴 때, 공기가 지나가는 관을 말해요.
기관지는 기관과 폐를 이어 주는 관을 말해요.

함께 익히기 황사, 마스크

기관과 기관지는 코와 입으로 들어온 공기가 폐까지 지나가는 길이에요. 기관은 공기가 지나가는 넓은 길, 기관지는 공기가 지나가는 골목길이라고 생각하면 이해하기 쉬울 거예요. 기관과 기관지는 붙어 있어요. 우리가 숨을 쉴 때 들이마신 공기를 폐로 보내 주고, 내쉰 공기는 바깥으로 보내 줘요. 기관지는 우리 몸으로 들어온 세균, 먼지 등의 이물질을 제거하는 역할도 해요. 기관과 기관지에서 걸러진 이물질이 밖으로 나갈 때, 기침이나 재채기가 나오기도 해요. 미세 먼지는 기관과 기관지에서 걸러 낼 수 없어 병을 일으키기도 해요. 미세 먼지가 심할 때는 마스크를 써서 기관과 기관지를 보호하세요. 수영은 기관과 기관지를 건강하게 하는 데 도움이 되는 운동이에요.

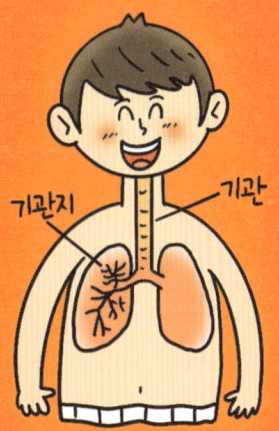

기초 체력

**운동할 때 필요한 체력으로
근력, 지구력, 순발력, 평형성, 유연성 등이 있어요.**

함께 익히기 건강

체육 교과서에 나오는 근력, 근지구력, 순발력, 평형성, 유연성 등이 모두 기초 체력이에요. 기초 체력은 운동뿐만 아니라 공부할 때, 놀 때도 필요해요. 친구들과 놀고 싶어도 기운이 없으면 놀 수 없겠죠? 체력은 이렇게 우리가 건강하게 지내도록 해 줘요. 기초 체력을 기르려면 자신에게 맞는 운동을 찾아서 꾸준히 하세요. 그리고 평소에 음식을 골고루 먹어서 영양소를 충분히 섭취하세요.

도전

목표를 이루기 위해
어려운 일에 맞서는 것을 말해요.

체육 시간에 배우는 도전 활동은 새로운 목표를 위해 노력하고, 성장하는 신체 활동을 말해요. 매트 구르기, 뜀틀 넘기, 물구나무서기, 평균대 이동하기 등이 있어요. 활동하면서 여러분의 기록을 재 보세요. 그리고 여러분의 목표를 세워 보세요.

민첩성

빠르게 움직일 수 있는 능력을 말해요.

술래잡기할 때, 술래에게 잡히지 않는 친구들은 어떤 친구들인가요? 민첩성이 좋은 친구들이에요. 민첩성은 자세를 재빠르게 바꾸는 능력을 말해요. 민첩성은 타고나기도 하지만 꾸준한 운동으로 발전시킬 수도 있어요. 운동용 사다리나 콘을 이용한 반환점 돌기 등은 민첩성을 기르는 데 좋은 운동이에요.

보호 장비

활동할 때, 우리 몸을 위험으로부터
보호해 주는 장비를 말해요.

함께 익히기 안전, 안전사고

자전거나 킥보드를 탈 때, 꼭 챙겨야 하는 게 뭘까요? 헬멧과 무릎 보호대예요. 답답하고, 귀찮아서 보호 장비를 착용하지 않는 사람들이 있어요. 하지만 보호 장비를 착용하지 않으면 다칠 위험이 훨씬 커져요. 보호 장비를 해야 하는 활동이 있다면, 반드시 보호 장비를 하고 활동하도록 하세요.

뼈

우리 몸을 지탱하는 단단한 조직이에요.

함께 익히기 관절

성인 기준으로 우리 몸에는 206개의 뼈가 있어요. 뼈는 우리가 서 있을 수 있도록 지탱해 주고, 몸속의 내장 기관을 보호해 줘요. 여러분이 자랄수록 여러분의 뼈는 더 튼튼해질 거예요. 하지만 꾸준한 운동과 멸치나 우유 등에 풍부한 칼슘을 섭취해야 뼈 건강을 유지할 수 있어요.

맨손 체조

도구나 기구 없이 맨몸으로 하는 체조를 말해요.

함께 익히기 준비 운동

맨손 체조는 규칙이나 형식이 없어요. 시간, 장소, 도구에 상관없이 언제 어디서든 쉽게 할 수 있죠. 둘씩 짝을 맞춰서 하기도 하고, 여러 사람이 함께 음악이나 구령에 맞춰서 할 수도 있어요. 맨손 체조는 신체를 균형 있게 만들고, 근육과 관절의 긴장을 풀어 줘요. 체력도 향상해 주고요. 운동 전이나 후에 하기도 하고, 하루를 시작하기 전에 하기도 해요.

옆구리 운동　　　　　숨쉬기 운동

성장

**사람이나 동식물이 자라서
커지는 것을 말해요.**

함께 익히기 사춘기, 성장통

사람은 엄마의 자궁에서 자란 지 9개월이 되면, 우리가 아는 사람의 몸이 돼요. 우리 몸은 유년기, 아동기, 청소년기를 거치면서 빠르게 성장해요. 뇌에서 분비되는 성장 호르몬은 우리 기관의 각 부분이 성장하도록 자극해요. 체격은 보통 부모님의 영향을 받아요. 하지만 식사를 제때 챙겨서 골고루 먹고, 운동을 꾸준히 하고, 잠을 충분히 자면 성장에 도움이 돼요. 특히 비타민 D와 칼슘이 성장에 도움을 주니 햇볕을 적당히 쬐는 것도 중요해요.

스트레칭

우리 몸의 근육이나 인대 등을
일정 시간 동안 늘여 주는 운동이에요.

함께 익히기 준비 운동, 정리 운동, 맨손 체조

체육 활동을 시작하기 전과 후에 왜 스트레칭을 해야 할까요? 대부분 사람은 습관적으로 움직이기 편한 방향으로 근육과 관절을 움직여요. 그래서 평소에 자주 쓰지 않는 근육을 늘여 주지 않으면 다칠 확률도 높아지고, 바른 자세를 유지하기도 어려워요. 스트레칭은 어렵지 않아요. 여러 동작이 있는데 동작마다 10~15초 정도만 하면 돼요. 시간이 될 때마다 여러 차례 해 주면 더 좋아요.

심폐 지구력

운동을 오랫동안 지치지 않고, 계속할 수 있는 힘이에요.

우리나라의 전설적인 축구 선수인, 박지성은 '산소탱크'라 불렸어요. 지치지 않고, 오랫동안 축구장 여기저기를 뛰어다녔기 때문이에요. 다른 이들보다 숨을 들이마시고, 내쉬는 능력이 뛰어나면 더 많이 뛰어다닐 수 있어요. 이게 바로 심폐 지구력이에요. 심폐 지구력이 좋은 사람일수록 사망률이나 질병에 걸릴 확률이 낮다고 해요. 축구, 달리기, 줄넘기, 자전거 타기, 수영, 등산, 걷기 등이 심폐 지구력을 기르는 데 도움이 돼요.

여가 활동

일을 마치고, 자유롭게 보낼 수 있는
시간에 하는 활동을 말해요.

여가 활동이라고 하면 방학이나 쉬는 시간, 휴가를 떠올릴 거예요. 학생은 공부에서, 직장인은 일에서 벗어나서 하는 다양한 활동을 여가 활동이라고 해요. 쉬면서 피로와 스트레스를 풀고, 다시 일이나 공부할 힘을 얻는 시간이죠. 어린이는 주로 게임, 유튜브 시청, 음악 감상, 운동, 독서 등을 즐겨요. 여러분은 어떤 여가 활동을 즐기나요?

유연성

**몸의 근육과 관절을 부드럽게
움직일 수 있는 능력이에요.**

여러분은 피겨 스케이팅이나 체조 경기를 본 적이 있어요? 피겨 스케이팅, 체조 선수들은 몸을 자유자재로 움직여요. 유연성이 발달했기 때문이에요. 유연성을 기르면 일상생활에서나 운동할 때, 부상을 예방해 줘요. 요가나 스트레칭을 꾸준히 하면, 운동선수만큼은 아니어도 유연성을 기를 수 있어요.

정리 운동

운동 경기와 같은 신체 활동을
마친 후에 하는 운동이에요.

함께 익히기 스트레칭, 맨손 체조

정리 운동은 운동 중에 생긴 피로를 풀어 주는 운동이에요. 여러분이 많이 하는 걷기, 줄넘기, 피구, 발야구 같은 운동을 하면 우리 몸은 평소보다 훨씬 열심히 일해요. 심장은 더 빠르게 뛰고, 혈액은 더 빨리 혈관 곳곳을 돌아다니고, 근육은 평소보다 더 많은 힘을 내요. 그래서 정리 운동이 필요해요. 정리 운동은 심장을 진정시키고, 체온을 서서히 내려 줘요. 그리고 운동 중에 생긴 근육의 긴장을 풀어 주죠.

준비 운동

운동과 같은 신체 활동을 하기 전에 하는 운동이에요.

함께 익히기 정리 운동, 스트레칭, 맨손 체조

수영장에 가면 빨리 물에 뛰어들고 싶을 때가 있어요. 하지만 운동을 본격적으로 하기 전에는 몸을 풀어 줘야 해요. 우리 몸이 운동할 준비를 하게 해 주는 거죠. 만약 근육들이 운동할 준비가 되지 않은 채로, 달리기나 피구, 축구를 하게 되면 근육이 긴장해 경련이 일어날 수 있어요. 더 심한 부상을 당할 수도 있고요. 그래서 운동을 시작할 때는 가볍게 제자리걸음이나 스트레칭으로 몸을 부드럽게 만들어요.

줄넘기

양손으로 줄의 끝을 잡고, 발밑에서 머리 위로 돌리면서 그 줄을 넘는 운동 또는 그 운동을 할 수 있는 도구를 말해요.

함께 익히기 협응성

줄넘기는 간단한 도구로, 넓지 않은 공간에서 할 수 있는 운동이에요. 게다가 동작도 쉬워서 운동을 못하는 친구들도 할 수 있어요. 온몸을 움직이는 운동이라 성장판을 자극해서 키 크는 데 도움을 주고, 기초 체력을 향상시켜 줘요. 하지만 무릎과 척추에 무리가 갈 수 있어서, 체중이 많이 나가는 친구들은 수영과 자전거 타기 등으로 체중을 줄인 다음 하는 게 좋아요. 줄넘기는 키에 맞는 걸 선택해야 해요. 키에 맞는 줄넘기인지 확인하는 방법은 간단해요. 한 발로 줄 가운데를 밟았을 때, 줄 끝의 손잡이가 겨드랑이에 위치하면 키에 맞는 줄넘기예요.

체온

우리 몸속의 온도를 말해요.

함께 익히기 **체온계**

병원에 가면 가장 먼저 확인하는 게 체온이에요. 체온은 우리의 건강 상태를 확인하는 기준이거든요. 정상 체온은 36.5~37도예요. 이때 우리 몸이 가장 건강할 수 있어요. 정상적인 체온보다 높거나 낮을 때, 우리 몸은 체온을 조절하기 위해 움직여요. 체온이 높으면 땀을 흘려 열을 내보내고, 체온이 낮으면 땀샘을 닫아 열을 보호해요. 체온이 지나치게 낮거나 높으면 몸이 좋지 않다는 신호예요.

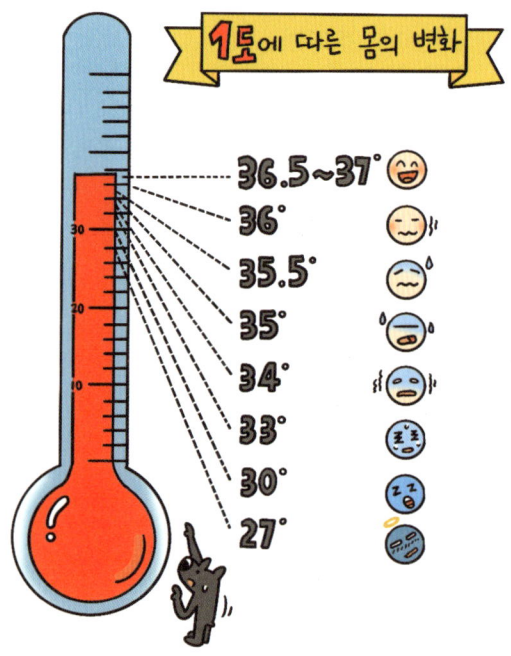

태권도

우리나라 전통 무술로 만든 운동이에요.

태권도는 우리나라의 전통 무술이기도 하지만, 세계적인 스포츠이기도 해요. 올림픽 정식 종목이에요. 태권도는 맨손과 맨발로 방어와 공격을 할 수 있어요. 태권도는 우리 몸의 각 부분을 균형 있게 사용해, 고르게 체력을 단련할 수 있어요. 태권도의 목표는 다른 사람과 싸워서 이길 수 있는 몸을 만드는 게 아니라 건강한 마음을 기르는 거예요.

평형성

**한쪽으로 기울지 않고, 몸을 안정된 자세로
균형을 유지하는 능력을 말해요.**

균형감이라고도 해요. 서거나 움직일 때, 쓰러지지 않고, 일정한 자세를 유지하는 능력을 말해요. 체조 선수나 피겨 스케이트 선수 등에게 꼭 필요한 능력이겠죠? 운동하다 보면 갑작스럽게 균형을 잃을 때가 있는데, 평형성이 뛰어난 사람은 흔들리지 않고 안정된 자세를 유지해요. '눈 감고 한 발로 서기', '의자에 앉아 3미터 표적 돌아오기' 등으로 평형성을 측정할 수 있어요. '선 따라 걷기'나 '짐 볼 운동' 등을 하면 평형성을 기를 수 있어요.

표현 활동

생각을 몸으로 나타내는 활동을 말해요.

표현 활동은 대개 신체로 표현하는 활동을 말해요. 표현 활동은 감수성을 풍부하게 하고, 비판적 사고력과 창의력을 길러 줘요. 많이 하는 표현 활동으로는 무용이 있어요. 저학년은 학교에서 우리나라 외국의 민속춤을 배울 거예요. 고학년은 친구들과 모둠을 짜서, 함께 음악을 고르고 그에 맞는 동작을 만들기도 해요.

혈액

혈관을 통해 온몸을 돌면서 산소와 영양소를 공급하고, 노폐물을 운반하는 물질을 말해요.

함께 익히기 빈혈, 출혈

보통 피라고 불러요. 우리 몸에는 4~6리터 정도의 혈액이 흐르고 있어요. 혈액은 심장이 뛸 때마다 온몸을 돌면서 산소와 영양소 그리고 노폐물을 운반해요. 혈액은 혈장과 혈구로 이루어져요. 혈장은 영양소와 노폐물이 녹아 있는데, 우리 몸의 체온을 조절하는 역할을 해요. 혈구는 적혈구, 백혈구, 혈소판으로 구성되어 있어요. 적혈구는 산소를 운반하고, 백혈구는 우리 몸에 들어온 세균을 잡아먹어요. 혈소판은 혈관이 찢어져 피가 날 때, 피를 멈추게 해요. 상처가 아물고 딱지가 생기는 건 혈소판이 제 역할을 했다는 증거예요.

계단 오르기는 혈액 순환에 좋은 운동이랍니다!

협동

서로 마음과 힘을 하나로 합하는 걸 말해요.

학교에서 모둠 활동을 할 때, 가장 중요한 건 뭘까요? 바로 협동이에요. 협동하려면 상대방의 주장을 존중하는 자세가 필요해요. 모두가 역할을 잘 나눠서, 충실히 해야 모둠 과제를 잘 마칠 수 있어요. 체육 시간에도 협동은 무척 중요해요. 체육 시간에 하는 활동은 팀을 이루어서 할 때가 많아요. 여러분이 좋아하는 피구, 발야구, 축구는 모두 협동이 필요한 종목이에요. 몇몇 친구들만 잘한다고 해서 팀이 이길 수는 없어요. 팀원 전체가 협동해야 이길 수 있고, 더 즐겁게 할 수도 있어요.

협응성

우리 몸이 조화롭게 움직이는 능력을 말해요.

함께 익히기 줄넘기

협응성을 기르기 위해 대부분 도구를 사용해서 운동해요. 우리가 가장 손쉽게 할 수 있는 협응성 운동으로는 줄넘기가 있어요. 여러분이 처음 줄넘기를 배웠을 때를 떠올려 보세요. 줄넘기를 돌리는 팔과 줄넘기를 넘어야 하는 다리가 서로 엇갈리지 않았나요? 그러다 차츰 줄넘기를 돌리는 속도에 맞춰 줄을 넘는 타이밍을 익히게 됐을 거예요. 그리고 나중에는 다양한 동작을 할 수 있죠. 그게 바로 협응성이 좋아졌다는 증거예요.

훌라후프

플라스틱으로 만든 둥근 테를 허리나 목으로
빙빙 돌리는 놀이 또는 그 기구를 말해요.

훌라후프는 쉽게 구할 수 있고, 어디서나 사용할 수 있어요. 처음 훌라후프를 사용한 건 기원전 1000년쯤의 이집트인이었대요. 훌라후프라는 말이 만들어진 건, 1800년대 초반에 영국 선원이 후프를 돌리는 모습과 하와이의 훌라 춤이 비슷하다는 것을 발견한 뒤부터예요. 훌라후프는 배와 허리를 단련시켜 주는 운동으로 알려졌어요.

호흡

숨을 들이쉬고, 내쉬는 걸 말해요.

호흡은 산소를 몸 안에 공급하고, 몸 안에 있는 이산화탄소를 내보내는 활동이에요. 그리고 운동으로 피곤하고, 손상된 근육 세포가 빨리 회복하도록 도와줘요. 특히 운동할 때, 호흡이 중요한데 운동에 따라 호흡하는 방법도 달라져요. 근력 운동은 힘을 줄 때 숨을 내뱉고, 힘을 뺄 때 숨을 들이마셔요. 달리기는 숨을 마실 때 세 걸음을 뛰고, 숨을 내쉴 때 두 걸음을 뛰는 게 좋아요.

갈증

목이 말라 물이 마시고 싶은 느낌을 말해요.

함께 익히기 수분

체육 시간처럼 야외에서 오래 걷거나 뛰놀고 나면 물을 마시고 싶어요. 오랫동안 물을 마시지 않아도 그렇고요. 이런 느낌을 갈증이라고 해요. 우리 몸에 수분이 부족할 때, 뇌에서 보내는 신호예요. 우리 몸의 70퍼센트는 물로 이루어져 있어요. 이 중에서 2퍼센트만 빠져나가도 심한 갈증을 느껴요. 갈증이 나면 음료수보다는 물을 마시는 게 좋아요. 특히 탄산음료 같은 단 음료를 마셨을 때는, 잠깐 갈증이 해소되는 듯하다가 시간이 지나면 갈증을 더 느끼게 될 거예요.

과식

지나치게 많이 먹는 것을 말해요.

함께 익히기 소화 불량, 구토, 비만

성장기인 어린이는 잘 먹는 게 중요해요. 잘 먹을수록 잘 성장할 수 있죠. 하지만 먹을 수 있는 만큼만 먹어야 해요. 더 먹고 싶다고 먹을 수 있는 양보다 더 많이 먹으려고 했을 때, 탈이 나요. 과식은 건강을 해치는 식사 습관이라 하지 말아야 해요.

군것질

**식사 말고 과일이나 과자 같은
간식 먹는 걸 말해요.**

여러분은 어떤 간식을 좋아하나요? 군것질하는 시간은 늘 즐거워요. 하지만 건강을 기준으로 봤을 때, 군것질은 좋지 않아요. 군것질거리에는 필요한 영양소가 골고루 들어 있지 않기 때문이에요. 우리 몸에는 여러 가지 영양소가 골고루 필요한데, 군것질로는 영양소를 풍부하게 섭취할 수 없어요. 게다가 군것질거리는 대부분 열량이 높아 비만을 유발할 수 있어요. 군것질은 많이 하면 해롭다는 사실, 기억하세요.

건강 보조 식품

건강을 유지하는 데 도움을 주는 식품을 말해요.

함께 익히기 **비타민**

건강 보조 식품은 말 그대로 건강을 유지하는 데 도움을 주는 식품이에요. 종합 비타민, 오메가3, 홍삼 같은 영양제를 건강 보조 식품이라고 생각하면 돼요. 건강 보조 식품을 고르기 전에 주의 사항이 있어요. 과학적으로 검증됐다 하더라도 효과를 허위 과장 광고를 하는 경우가 있어요. 효과와 기능을 잘 확인하고 건강 보조 식품을 골라야 해요. 영양소를 섭취하는 가장 좋은 방법은 음식으로 섭취하는 거예요. 음식을 골고루 먹으면서, 건강 보조 식품을 챙겨 먹어야 건강한 몸을 유지할 수 있어요.

나트륨

**우리 몸의 수분량을 조절하는 영양소로
소금의 주요 성분이에요.**

함께 익히기 비만, 과체중

여러분은 감자칩을 좋아하나요? 짭짤한 맛의 감자칩은 많은 사람이 좋아해요. 찌개나 국, 김치, 라면을 즐기는 우리나라 사람들은 특히 짠 음식을 많이 먹어요. 이런 음식에는 소금이 많이 들어가요. 우리나라 어린이, 청소년은 세계보건기구의 권장량보다 하루 소금 섭취량이 많다고 해요. 나트륨을 많이 섭취하면 고혈압, 심장병, 뇌졸중에 걸릴 확률이 세 배 이상 높아져요. 그리고 짠 음식을 좋아하면, 자극적인 음식을 찾게 될 확률이 높아져 폭식과 비만을 일으킬 수도 있어요. 나트륨 섭취를 줄이려면 국물을 조금만 먹어요. 칼륨이 풍부한 바나나, 토마토 등을 후식으로 먹으면 나트륨 배출에 도움이 돼요.

단백질

영양소의 하나로 우리 몸을 구성하는
기본 요소예요.

단백질은 물 다음으로 우리 몸을 가장 많이 차지하고 있는 성분이에요. 에너지를 만들기 위해서도 필요한 영양소예요. 근육이나 내장, 뼈와 피부는 단백질로 돼 있어요. 단백질을 충분히 섭취하지 않으면, 마치 부품 빠진 자동차처럼 튼튼하지 못해요. 단백질은 우리 몸의 소화와 면역에도 영향을 줘요. 성장을 담당하는 호르몬의 주요 성분도 단백질이에요. 그래서 단백질은 잘 섭취해야 건강하게 성장할 수 있어요.

당

물에 잘 녹고 단맛을 지닌 물질을 말해요.

초콜릿, 사탕, 젤리, 아이스크림, 초코우유처럼 여러분이 좋아하는 달콤한 간식에는 매우 많은 당이 있어요. 그래서 되도록 피하는 게 좋아요. 단맛을 먹으면 기분이 좋아져요. 그래서 중독성이 강해 달콤한 군것질거리를 더 찾게 돼요. 당은 당뇨병 같은 성인병과 비만을 유발해요.

무기질

우리 몸의 뼈나 치아, 근육, 장기, 혈액 등을 이루고,
생체 기능을 조절하는 데 필요한 여러 영양소를 통틀어서 말해요.

여러분은 집에서 우유를 꾸준히 마시고 있죠? 우유에는 칼슘이 들어 있는데, 칼슘은 뼈를 이루는 영양소라 성장하는 데 꼭 필요해요. 이처럼 칼슘, 칼륨, 마그네슘 등 우리 몸을 구성하고, 생체 기능을 유지하는 데 필요한 여러 영양소를 무기질이라고 해요. 무기질은 단백질, 지방, 탄수화물과는 달리 직접 에너지를 내지 못해요. 우리 몸에서 차지하는 비중도 4퍼센트밖에 되지 않죠. 하지만 무기질이 부족하면 우리 몸이 제대로 작동할 수 없기에 무기질은 꼭 보충해야 해요. 무기질은 종류가 많아서, 영양제로 보충하는 사람도 많아요.

반조리 식품

**조리 시간을 단축하고, 조리를 편리하게 하려고
만든 식품을 말해요.**

전자레인지에 반조리 식품을 데워서 먹어 본 적이 있나요? 전자레인지에 돌리기만 하면 맛있는 떡볶이가 뚝딱 만들어지기도 하고, 피자가 짠하고 만들어지기도 하죠? 이런 반조리 식품은 보관하기도 편하고, 요리하는 시간도 줄이고, 간편하게 해 먹을 수 있어요. 요즘은 품질도 좋아지고, 다양한 반조리 식품이 나와서 근사한 상차림도 가능하죠. 하지만 이렇게 반조리 식품들만 먹다 보면 좋아하는 음식만 먹게 돼 영양의 불균형이 생길 수도 있고, 나트륨과 당을 많이 섭취하게 돼요. 게다가 반조리 식품에는 많은 일회용품이 쓰여서 환경 오염으로 이어지기도 한다는 걸 기억하세요.

비타민

5대 영양소 중 하나로 우리 몸의 기능과
활동을 조절해요.

함께 익히기 영양소, 건강 보조 식품

우리 몸이 제대로 기능하려면 비타민이 필요해요. 비타민은 우리 몸에서 거의 만들어지지 않아 반드시 음식으로 섭취해야 해요. 비타민은 채소와 과일에 많아요. 채소와 과일을 먹으면 비타민을 충분히 섭취할 수 있어요. 음식으로 비타민을 섭취하기 어려운 사람들은 영양제로 먹기도 해요.

수분

물기를 머금고 있는 정도를 말해요.

함께 익히기 **갈증**

먹다 남은 과일을 오랜 시간 꺼내 두면, 겉이 말라 있어요. 수분이 사라졌기 때문이에요. 수분은 음식물뿐만 아니라 피부에도 필요해요. 특히 가을이나 겨울에는 날씨가 건조해서, 피부도 건조해져요. 살갗이 트거나 하얗게 일어나기도 해요. 이럴 때는 수분 공급이 필요해요. 수분을 공급하려면 물을 많이 마시고, 로션을 발라 주는 게 좋아요.

슈퍼푸드

영양소가 다른 음식보다 훨씬 많은 음식물을 말해요.

우리가 먹는 식품에는 각각의 영양소가 있어요. 그런데 이 중에서도 영양소가 풍부하고 면역력 강화에도 도움을 주는 식품이 있어요. 그런 식품들을 바로 슈퍼푸드라고 해요. 토마토, 브로콜리, 블루베리, 시금치, 연어, 견과류, 마늘 등이 슈퍼푸드로 알려져 있어요. 대부분의 슈퍼푸드는 열량도 낮고, 노화 방지에도 효과가 있어요. 그래서 최근에 더 많은 관심을 받고 있어요.

슬로푸드

천천히 시간을 들여 만들어 먹는 음식을 말해요.

함께 익히기 패스트푸드

햄버거, 피자, 치킨, 도넛 같은 패스트푸드는 바쁜 현대인들에게 사랑받고 있어요. 주문하면 금방 음식이 나오고, 간편하게 먹을 수 있죠. 전 세계에 어디를 가더라도 비슷한 방식으로 요리하고, 비슷한 맛을 느낄 수 있어요. 슬로푸드는 이런 패스트푸드에 문제의식을 느끼고 음식만큼은 느긋하고 건강하게 즐기자는 식문화 운동이에요. 정성 들여 가꾼 재료로 전통적인 조리법으로 시간을 들여 음식을 만들고, 여유 있게 즐기자는 내용이에요.

식품 첨가물

식품을 만들 때, 더 맛있게 하거나
맛있어 보이게 하려고 넣는 물질을 말해요.

식품 첨가물은 식품의 맛이나 향, 모양 등을 좋게 하려고 식품에 넣는 물질이에요. 가공식품에는 모두 들어 있다고 생각하면 돼요. 식품 첨가물은 실험을 통해 안전성을 인정받았어요. 사람이 만든 화학 물질이기에 몸에 좋지 않다고 생각하는 사람도 있고, 안전성을 검증받았기에 문제없다고 생각하는 사람도 있어요. 무엇이 맞는지는 알 수 없지만, 확실한 건 많이 먹어서 좋을 건 없다는 거예요. 그렇기에 가공식품 섭취는 줄이는 게 좋아요.

열량

몸에서 발생하는 에너지의 양이에요.

함께 익히기 비만, 체지방, 다이어트

열량은 열에너지의 양을 말해요. 우리는 열에너지를 통해 몸에 열을 내고, 움직일 수 있어요. 학교까지 걸어가고, 공부하고, 친구들과 노는 것도 우리 몸에 에너지가 있어서 가능한 거예요. 5대 영양소 중 탄수화물, 지방, 단백질이 열량을 내는 영양소예요. 열을 나타내는 단위는 칼로리예요. 칼로리는 많이 들어봤을 거예요. 음식마다 칼로리가 다른데 칼로리가 높은 음식을 먹으면 에너지를 더 많이 낼 수 있어요. 어린이의 하루 권장 칼로리는 1,250칼로리로 알려졌어요. 필요한 열량보다 더 많은 열량을 섭취하면 비만을 유발할 수 있어요.

영양소

우리 몸을 구성하거나 에너지가 되는 물질을 말해요.

함께 익히기 건강, 비타민

우리가 살아가려면 영양소가 꼭 필요해요. 영양소는 음식을 통해서 섭취할 수 있어요. 우리 몸에 필요한 주요 영양소로는 탄수화물, 단백질, 지방, 비타민, 무기질, 물이에요. 여러 가지 영양소가 골고루 필요하므로 음식을 골고루 먹어야 해요.

유통 기한

식품이 유통될 수 있는 기한을 말해요.

함께 익히기 냉장고

요즘 편의점에는 간식거리뿐만 아니라 식사를 대체할 수 있는 식품도 다양하게 팔고 있어요. 그렇다 보니 어린이들도 식품을 직접 구매하는 일이 많아졌어요. 식품을 구매하기 전에 포장지에 적힌 유통 기한을 확인하나요? 유통 기한은 쉽게 말해 식품을 팔 수 있는 기한이에요. 식품을 사기 전에 유통 기한이 지나지 않았는지 잘 확인해야 해요. 유통 기한을 잘 지켰더라도 보관을 잘 못하면 상할 수 있어요. 냉장 보관인지, 냉동 보관인지 등 보관 방법을 확인해서 잘 보관해야 해요. 2023년 1월 1일부터는 과도한 식품 폐기를 막고자 소비 기한이 표시돼요. 소비 기한은 식품에 표시된 보관 방법을 지켰다면 소비자가 먹어도 되는 기한을 말해요. 유통 기한은 판매자가 팔 수 있는 기간이고, 소비 기한은 소비자가 사용할 수 있는 기간인 거죠. 소비 기한 표시를 시작하면서, 과도한 식품 폐기로 인한 환경 오염과 비용 낭비를 줄일 수 있게 됐어요.

지방

5대 영양소 중 하나로, 에너지를 내는 역할을 해요.
육류나 견과류에 많아요.

많은 사람이 비만의 원인을 지방이라고 해요. 마치 지방은 필요 없는 영양소처럼 얘기하기도 해요. 그렇다 보니 삼겹살이나 튀김처럼 지방이 많은 음식은 몸에 해로운 것처럼 느껴져요. 물론 지방은 필요 이상으로 많이 섭취하면 비만으로 이어질 수 있어요. 지방이 함유된 식품은 대부분 열량이 높으니까요. 하지만 지방은 우리 몸에 꼭 필요한 영양소예요. 지방은 우리 몸의 에너지를 담당해요. 지방이 없다면 우리 몸은 제대로 움직일 수 없어요. 게다가 지방은 뇌의 많은 부분을 차지해요. 두뇌 발달에도 아주 중요하죠.

체지방

우리 몸에 쌓인 지방을 말해요.

함께 익히기 **비만**

우리는 음식을 통해 필요한 영양소를 섭취해요. 섭취된 영양소는 우리 몸 곳곳에 쓰이는데 남은 영양소는 지방의 형태로 우리 몸에 쌓여요. 이것을 체지방이라고 불러요. 체지방은 몸에 해롭거나 무조건 없애야 하는 것이라고 생각할 수도 있어요. 하지만 체지방은 우리 몸의 체온을 유지해 주고, 우리 몸속 장기를 보호해 줘요. 그리고 나중에 에너지로 쓸 수도 있죠. 물론 체지방이 우리 몸에 많이 쌓이면, 비만이나 고지혈증 같은 성인병이 발생할 수 있어요. 음식은 필요한 열량만큼만 섭취하고, 과식하지 말아야 해요.

칼슘

우리 몸에서 뼈와 치아를 이루고 있는 영양소예요.

칼슘은 우리 몸의 뼈와 치아를 이루는 영양소로 근육과 혈액의 중요한 성분이기도 해요. 칼슘을 섭취하는 가장 간편한 방법은 우유나 치즈 같은 유제품을 먹는 거예요. 생선에도 칼슘이 많아요. 특히 멸치처럼 뼈째로 먹을 수 있는 생선에 칼슘이 더 많아요. 어린이, 청소년에게는 칼슘이 더욱 필요해요. 물론 칼슘도 다른 영양소와 마찬가지로 필요한 것보다 많이 섭취하면 건강을 해칠 수 있으니 주의해야 해요.

탄수화물

**5대 영양소 중 하나로, 에너지를 내는 역할을 해요.
쌀, 밀가루에 많아요.**

탄수화물은 에너지를 내는 영양소로 우리 몸에 꼭 필요해요. 밥이나 빵, 면 요리를 먹을 때 섭취할 수 있어요. 중요한 영양소지만 필요 이상으로 섭취하면 비만, 당뇨 같은 질병을 유발할 수 있어요. 라면을 다 먹고 국물에 밥을 말아 먹는다거나 빵이나 떡을 많이 먹는 것은 자제하는 게 좋아요.

패스트푸드

**빠르게 만들어 내어 편리하게
먹을 수 있는 음식을 말해요.**

함께 익히기 슬로푸드

학원 시간에 쫓겨서 햄버거나, 샌드위치로 식사를 한 적이 있죠? 햄버거, 피자, 치킨 같은 패스트푸드는 시간을 많이 아껴 줘요. 그리고 어디서나 우리가 알고 있는 맛을 내기 때문에 메뉴를 크게 고민할 필요도 없죠. 하지만 이런 패스트푸드는 우리 몸에 필요한 영양소가 골고루 들어 있지 않고, 지방과 염분도 지나치게 높아 영양 불균형이 생길 수 있어요. 패스트푸드는 될 수 있으면 줄이고, 먹기 전에 영양 성분을 확인해 보세요.

편식

좋아하는 것만 골라 먹는 식습관을 말해요.

함께 익히기 영양 불균형

급식에 나온 반찬이 먹고 싶지 않아 남겼던 적이 있나요? 여러분은 주로 어떤 음식을 싫어하고, 어떤 음식을 좋아하나요? 사람마다 자신이 특별히 좋아하거나 싫어하는 음식이 있을 수 있어요. 하지만 먹고 싶은 음식만 먹게 되면 영양소를 골고루 섭취할 수 없어요. 아무리 음식을 많이 먹어도 영양 불균형이 생기는 거예요. 우리 몸에 필요한 영양소가 골고루 섭취되지 못하면 건강을 해치게 돼요. 좋아하는 음식을 즐겨 먹더라도, 영양소를 골고루 섭취하도록 노력해야 해요.

질병

예방으로 지키는 건강

감기

바이러스에 의해 발생하는 호흡기 질병을 말해요.

함께 익히기 바이러스

감기는 많은 사람이 걸리는 호흡기 질병이에요. 수백 가지가 넘는 바이러스가 일으키는 질병이라 증상이 조금씩 다르지만, 대체로 비슷해 이 모든 증상을 감기라고 불러요. 감기의 원인은 수백 가지가 넘는 바이러스라 확실하게 치료할 수 있는 치료 약은 없어요. 우리가 먹는 감기약은 감기로 인한 고통이나 증상을 덜어주는 약이에요. 감기는 계절이 바뀌는 환절기에 많이 걸려요. 우리 몸이 온도의 변화에 집중하느라 면역력이 약해지는 시기여서 그래요. 감기를 예방하기 위해서는 외출할 때 마스크를 쓰고, 손발을 깨끗하게 씻어야 해요. 감기에 걸렸다면, 영양소를 충분히 섭취하고, 잘 쉬어야 해요.

거북목 증후군

목이 거북의 목처럼 앞으로 구부러지는 증상을 말해요.

함께 익히기 바른 자세

사무실에서 컴퓨터로 업무를 보거나 스마트폰, 태블릿으로 쉬는 시간을 보내는 사람이 많아요. 컴퓨터 화면이나 스마트폰을 오래 보다 보면 목을 앞으로 빼게 되면서 자세가 비뚤어져요. 그렇게 되면 척추에도 무리가 가고, 목과 어깨의 근육과 인대가 늘어나면서 통증이 생겨요. 그런 증상을 거북목 증후군이라고 해요. 거북목 증후군을 예방하려면 사용하는 컴퓨터의 모니터와 눈높이를 맞춰야 해요. 스마트폰과 태블릿을 사용할 때 역시 눈높이를 맞춰서 보거나 사용해야 해요. 계속 바른 자세를 유지하려고 주의를 기울여야 해요. 그리고 짬짬이 가볍게 스트레칭을 해 주는 게 좋아요.

결막염

결막에 생긴 염증을 말해요.

함께 익히기 알레르기

눈꺼풀의 안쪽과 흰자를 덮고 있는 얇고 투명한 막을 결막이라고 해요. 이 결막에 염증이 생기면 눈이 빨개지기도 하고, 눈곱이 끼고, 가렵고, 이상한 느낌이 나요. 결막염은 크게 유행성 결막염과 알레르기성 결막염으로 나눌 수 있어요. 유행성 결막염은 세균 감염으로 발생한 결막염으로 흔히 눈병이라고 불러요. 다른 사람에게 옮길 수 있는 병이라 유행할 때는 사람들이 많이 모인 곳에는 되도록 가지 않는 게 좋아요. 만약 유행성 결막염에 걸렸다면 수건이나 물건은 따로 써야 해요. 알레르기성 결막염은 미세먼지나 꽃가루 등으로 발생한 결막염이에요. 유행성 결막염과는 달리 다른 사람에게 옮기지 않아요.

결핵

우리 몸에 결핵균이라는 병원균이
침입해서 일으키는 병이에요.

함께 익히기 감염

결핵은 아주 오래된 질병이에요. 수많은 이들이 결핵으로 세상을 떠나야 했어요. 결핵은 주로 폐에 생겨 폐결핵이라고도 많이 불러요. 결핵에 걸리면 기운이 없어지고, 체중이 줄고, 쉽게 피곤해져요. 폐결핵의 경우에는 마른기침을 하게 되고, 심하면 피를 토하기도 해요. 물론 크게 걱정할 필요 없어요. 예전에는 청결하지 못한 환경에 살고, 영양을 섭취하지 못한 이들에게 주로 나타났어요. 하지만 최근에는 위생 상태와 영양 상태가 나아져서 결핵 환자가 확 줄었죠. 그리고 여러분 대부분은 아기일 때, BCG라는 결핵 예방 주사를 맞았을 거예요. 그럼 결핵에 잘 걸리지 않아요. 게다가 치료법도 발달해 쉽게 결핵을 찾아내고, 치료할 수 있어요.

2주 이상 기침을 계속 하면 결핵 검사 받으세요.

구급상자

구급약이나 간단한 의료 도구를
넣어 보관하는 상자예요.

현장 학습에 갈 때, 선생님들은 구급상자를 챙겨 가요. 누군가 가벼운 상처를 입거나, 몸이 좋지 않을 때 구급상자에서 약품을 꺼내요. 집에도 구급상자가 있을 거예요. 누군가 아플 때, 쉽게 찾아 쓸 수 있게 하죠. 구급상자 안에는 대체로 소독약, 다양한 크기의 밴드, 붕대, 거즈, 소독용 물수건, 연고, 소화제, 종합 감기약 등을 넣어 둬요.

구토

위장 속에 있던 음식물 등이 식도를 통해서
입 밖으로 나오는 증상이에요.

함께 익히기 과식, 바이러스, 장염

구토는 왜 하는 걸까요? 어린이들은 주로 멀미나 과식 때문에 구토해요. 이밖에도 구토의 원인으로는 상한 음식 섭취, 갑작스러운 스트레스, 바이러스 감염 등이 있어요. 만약 구토가 계속된다면 병원에 가서 진찰받아야 해요. 구토가 나올 때는 억지로 참거나 삼키려고 하면 안 돼요. 잘못하면 기도가 막혀서 위험할 수도 있거든요. 구토하고 나서는 물을 충분히 마시는 게 좋아요. 기운이 없더라도 누워 있으면 안 돼요.

다래끼

속눈썹의 뿌리에 균이 들어가 눈시울이
빨갛게 부어오르는 병을 말해요.

속눈썹은 우리 눈에 먼지 등이 들어오지 않게 보호해 줘요. 그런데 포도상구균이라는 세균이 속눈썹 뿌리에 들어가면 다래끼가 생겨요. 맥립종이라고도 부르는데 유행성 결막염처럼 전염되는 병은 아니에요. 다래끼가 생기면 눈시울이 빨갛게 부어올라요. 눈시울이 가렵기도 하고, 눈을 깜빡일 때 불편하기도 해요. 아무리 간지럽더라도, 손으로 비비거나 만지면 안 돼요. 다래끼는 안약을 넣으면 대부분 금방 나아요. 빨리 낫고 싶거나, 증상이 심할 때는 안과에 가면 돼요. 다래끼는 주로 씻지 않은 손으로 눈 주위를 만졌을 때 발생해요. 손을 자주 씻고, 눈 주위는 손으로 만지지 않는 게 좋아요.

다이어트

체중을 줄이거나 건강을 위해
식사를 조절하는 걸 말해요.

함께 익히기 영양 불균형, 변비, 비만

체지방이 많으면 건강에 좋지 않아요. 키에 비해 체중이 많이 나간다면, 소아 비만으로 이어질 수 있어 다이어트가 필요해요. 식사 조절과 꾸준한 운동이 필요하죠. 하지만 건강보다는 미용을 위해 다이어트를 하는 사람이 더 많아요. 다이어트가 나쁜 것은 아니지만, 무리하게 식사를 거르는, 지나친 다이어트는 섭식 장애나 영양실조, 변비 등 질병을 일으킬 수 있어요. 특히 성장기인 어린이나 청소년은 무리한 다이어트를 하면 성장이 멈출 수도 있어요. 영양소를 골고루 섭취하고, 규칙적으로 운동하면서 체중을 관리하세요.

당뇨

포도당을 분해하는 인슐린이 부족해서
소변을 볼 때 당이 함께 나오는 병이에요.

포도당은 우리 몸의 주요 에너지 성분 중 하나예요. 탄수화물에 많이 들어 있죠. 그런데 포도당을 분해해서 사용하려면 인슐린이라는 호르몬이 필요한데, 당뇨병에 걸리면 인슐린이 몸에서 필요한 것보다 적게 나오거나 잘 발생하지 않아서 포도당이 분해되지 않아요. 우리 몸에 포도당이 쌓이는데, 분해는 되지 않아 건강이 나빠지는 거예요. 당뇨병에 걸리면, 먹지 못하는 음식도 훨씬 많아지고, 음식을 먹을 때 조심할 것도 많아져요. 심하면 인슐린 주사를 맞아야 해요. 유전이나 고열량 식사, 운동 부족, 스트레스 등이 원인으로 꼽혀요.

두통

머리가 아픈 증상이에요.

두통은 아주 흔한 질병 중 하나예요. 두통의 원인은 300가지가 넘을 정도로 다양해요. 감기나 독감으로 인해서 생기기도 하고, 스트레스를 많이 받으면 생기기도 해요. 대부분 두통은 약을 먹고, 쉬면 해결돼요. 하지만 약을 먹고, 쉬었는데도 두통이 없어지지 않는다면 병원에 가 봐야 해요. 다른 질병이 있을 수도 있기 때문이에요. 두통이 있을 때는 초콜릿은 먹지 않는 게 좋아요. 카페인이 들어 있기 때문이죠. 자극적인 음식도 피하는 게 좋다고 해요.

독감

인플루엔자 바이러스 때문에 발생하는 호흡기 질환을 말해요.
인플루엔자라고도 불러요.

함께 익히기 바이러스, 백신

독감을 '독한 감기'로 알고 있는 사람들이 많아요. 그렇지 않아요. 감기의 원인은 수백 가지의 바이러스지만 독감의 원인은 단 하나의 바이러스예요. 그래서 백신과 확실한 치료 약을 만들 수 있어요. 물론 독감도 감기와 증상이 비슷해요. 열이 많이 나고, 목이 아프고, 몸 구석구석이 뻐근하고, 욱신거려요. 독감을 예방하려면 손 씻기가 가장 중요해요. 손을 자주 씻고, 되도록 손으로 눈, 코, 입을 만지지 말아야 해요. 그리고 독감이 유행할 때는 사람들이 많이 모이는 장소는 피하는 게 좋아요. 독감에 걸렸다면 외출하지 말고, 약을 먹으면서 쉬어야 해요.

멀미

주로 차나 배처럼 흔들리는 물체에 탔을 때 어지러움,
메스꺼움을 느끼는 것을 말해요.

함께 익히기 환기

현장 체험 학습을 가기 전 챙겨야 할 게 있어요. 바로 멀미약이에요. 멀미는 주로 차나 배처럼 교통수단을 탈 때 일어나요. 멀미가 심한 사람은 두통과 어지럼증, 메스꺼움을 견디기 힘들어서 되도록 차를 타지 않으려고 할 정도예요. 멀미는 왜 일어날까요? 몸이 흔들리고 있다면, 움직인다는 건데 보이는 건 똑같아서 뇌는 혼란을 일으켜요. 그러면서 멀미가 생기는 거예요. 버스를 탔다고 생각해 봐요. 앞 좌석과 버스 안만 보일 거예요. 하지만 우리 몸은 계속해서 흔들리죠. 멀미가 심한 사람은 차를 타기 전이나, 타는 동안에는 음식을 먹지 말고, 창문을 열어 충분히 환기하세요. 멀미약은 차를 타기 30분 전에는 마셔야 해요.

면역

우리 몸으로 들어온 바이러스나 세균 등으로부터
보호하는 방어 시스템을 말해요.

감기에 걸려, 콧물이나 재채기, 기침 등을 한 적 있죠? 우리 몸이 바이러스나 세균과 싸우고 있다는 증거예요. 면역은 외부에서 들어오는 바이러스나 세균으로부터 우리 몸을 지켜 주는 방어 시스템이에요. 면역력이 강해지려면 운동을 하거나 영양소를 골고루 섭취하면 돼요. 특정 질병에 대비해서 백신을 접종하기도 해요.

바른 자세

우리 몸을 건강하게 유지할 수 있는 자세를 말해요.

함께 익히기 척추 옆굽음증, 거북목 증후군

바른 자세는 척추가 S자 곡선을 이루고, 다리가 체중을 잘 지탱하는 상태를 말해요. 그래야 건강하게 생활할 수 있어요. 바른 자세를 유지하지 않으면, 척추나 뼈가 휘어져 디스크나 거북목 증후군 등의 질병이 생겨요. 게다가 최근에는 앉아 있는 시간과 컴퓨터, 태블릿, 스마트폰을 가지고 생활하는 시간이 늘어나다 보니 자세가 구부정해진 사람들도 많아졌어요. 앉을 때는 엉덩이를 의자 깊숙이 넣고, 허리를 의자 등받이에 붙이세요. 머리, 목, 척추는 일자가 돼야 해요. 컴퓨터를 사용할 때는 모니터는 눈높이에 맞추고, 마우스와 키보드를 몸에 가까이 붙이세요.

바이러스

동물, 식물, 세균 등 생명체에서만
살 수 있는 미생물을 말해요.

함께 익히기 세균, 감염, 독감, 홍역, 구토

바이러스는 전자 현미경이 발명되기 전까지 아무도 존재를 알지 못했어요. 너무 작았기 때문이에요. 바이러스는 스스로 살지 못하고, 동물이나 식물처럼 생명체에 들어가야만 살 수 있어요. 생명체에 들어간 바이러스는 그 안에서 수를 늘려요. 그것을 감염이라고 해요. 독감이나 수두, 홍역 등은 모두 바이러스 때문에 생긴 병이에요. 감염을 예방하기 위해 우리는 백신을 맞아요. 백신을 맞게 되면 우리 몸에 면역력이 생기기 때문이에요. 감염을 예방하려면, 손 씻기가 가장 중요해요. 우리는 생활할 때, 주로 손을 사용해요. 그래서 손에는 많은 세균과 바이러스가 묻어 있어요. 외출하고 나서는 물론이고, 밖에서도 자주 손을 씻는 게 좋아요.

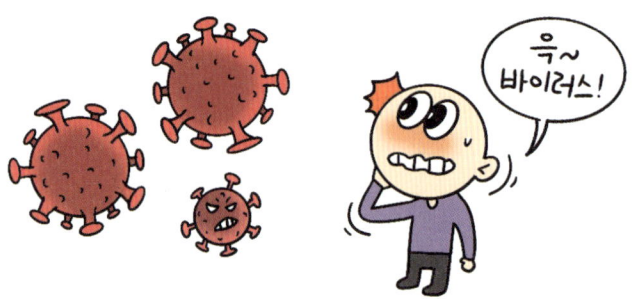

방광

소변을 저장해 놓는 기관을 말해요.

방광은 우리 몸에서 배설을 담당하는 기관 중 하나예요. 꼭 주머니처럼 생겼어요. 배설은 우리 몸 안의 노폐물을 내보내는 일이라 매우 중요해요. 배설이 원활하지 않으면 우리 몸에 노폐물이 쌓일 테니까요. 그러므로 소변이 마렵다면 너무 오래 참지 않는 게 좋아요. 만약 소변이 너무 자주 마렵거나, 소변 때문에 자주 잠에서 깬다면 병원에 가 보는 게 좋아요.

백신

감염병을 예방하기 위해 이용하는 약품을 말해요.

함께 익히기 감염, 독감, 홍역, 바이러스

백신은 감염병을 일으키는 세균이나 바이러스를 아주 약하게 만들어서 우리 몸에 넣는 거예요. 그러면 우리 몸이 그 세균이나 바이러스와 싸우면서 해당되는 병에 대한 면역이 생겨요. 아마 여러분 대부분은 여러 백신을 접종했을 거예요. 백신은 완벽한 해결책은 아니에요. 독감 백신 접종을 했다고 해서 독감에 걸리지 않는 것은 아니에요. 하지만 백신 접종을 하면 질병에 걸려도 증상은 약하게 앓고 지나갈 수 있어요. 또, 다른 사람을 전염시키는 전파력을 줄여 줘요.

변비

대변이 잘 누어지지 않는 증상을 말해요.

함께 익히기 다이어트

화장실에 가도 시원하게 볼일을 볼 수 없는 게 변비예요. 볼일을 볼 때 심하게 힘을 주어야만 한다거나, 통증이 있거나, 볼일을 봤는데도 배 안에 변이 남아 있는 느낌이 들면 변비를 의심해 볼 수 있어요. 일주일에 볼일을 세 번 이상 보지 않아도 마찬가지예요. 어린이들은 학교에 막 다니기 시작하거나, 새로운 학년이 시작됐을 때 스트레스를 받아 변비가 생기는 경우가 많아요. 스트레스도 변비의 큰 원인이거든요. 변비를 예방하기 위해서는 물을 많이 마시고, 채소나 과일을 많이 먹어 섬유질을 보충해야 해요.
규칙적으로 운동을 하거나 유산균이 들어 있는 요거트를 먹는 것도 좋아요. 그리고 화장실에 가고 싶을 때는 참지 말고, 최대한 빨리 볼일을 보는 게 좋아요.

보건소

**국민의 건강을 지키기 위해 질병 예방이나
진료 등을 하는 공공 의료 기관을 말해요.**

지나가다가 보건소를 본 적이 있나요? 보건소는 각 시·군·구마다 있으므로 우리가 살고 있는 동네에도 보건소가 있어요. 보건소는 병을 치료해 주는 곳만은 아니에요. 코로나19 같은 질병 예방, 보건 교육 등 여러 공익 활동을 하는 곳이에요.

볼거리

귀밑 침샘에 염증이 생겨, 붓는 감염병이에요.

함께 익히기 감염, 바이러스

볼거리는 입안으로 들어온 바이러스가 침샘으로 침투해 발생하는 질병으로 유행성 이하선염이라고도 해요. 보통 감염이 된 뒤, 2~3주가 지나서 증상이 생겨요. 감염됐지만, 증상이 나타나지 않는 잠복기에는 감염된 사실을 알기 어려워요. 잠복기가 지나고 나면 귀밑 침샘에 염증이 생겨 붓고 열이 나고 아파요. 충분히 물을 마시고 쉬면 낫는데 증상이 심하면 병원에 가야 해요. 볼거리는 늦겨울에서 봄 사이에 자주 발생하는데 한번 앓고 나면 더 이상 걸리지 않아요. 그리고 많은 사람이 예방 접종을 해서 잘 발생하지는 않아요. 볼거리를 예방하기 위해서는 손을 자주 씻고, 입안에 바이러스가 머물지 않도록 양치질을 자주 해야 해요.

비만

체지방이 지나치게 많은 상태를 말해요.

함께 익히기 다이어트

많은 사람이 몸무게가 많이 나가면 비만이라고 생각해요. 이건 비만에 대해 잘못 알고 있는 거예요. 몸무게가 적게 나가더라도 비만일 수도 있어요. 몸무게는 근육이나 골격에 따라 차이가 날 수도 있어요. 비만인지 아닌지를 결정하는 것은 체지방의 양이에요. 사용하는 에너지에 비해 영양소를 과도하게 섭취할 때, 영양소가 지방으로 변해 우리 몸에 쌓여요. 이 체지방이 너무 많이 쌓이면 비만이 되는 거예요. 비만은 여러 질병의 원인이 되기 때문에 적당한 영양소 섭취와 운동으로 예방해야 해요.

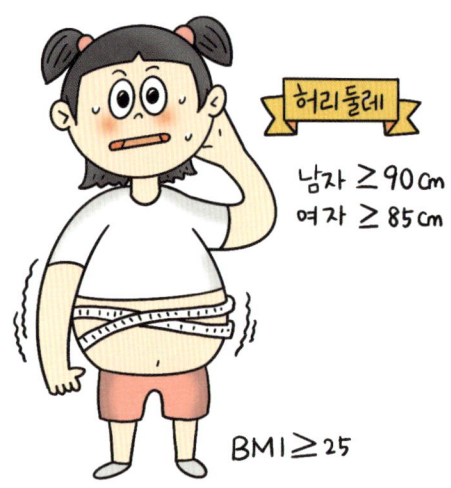

비염

코안에 생긴 염증을 말해요.

함께 익히기 알레르기

비염은 코안에 생긴 염증을 말하는데, 콧물, 재채기, 코막힘 등의 증상이 나타나요. 비염은 크게 급성 비염과 만성 비염으로 나눌 수 있는데, 코감기가 바로 급성 비염이고, 우리가 주로 말하는 비염은 만성 비염이에요. 만성 비염의 원인은 다양한데 알레르기 때문에 나타나는 경우가 많아요. 꽃가루나 미세먼지가 심할 때는 마스크를 잘 쓰고, 집에 먼지가 쌓이지 않도록 자주 청소해야 해요. 비염은 쉽게 낫지는 않지만, 운동 등으로 면역력이 올라가면 나을 수도 있어요.

빈혈

혈액이 산소를 충분히 운반하지 못해
생기는 병을 말해요.

함께 익히기 혈액, 월경

혈액은 우리 몸의 여기저기로 산소를 운반해요. 그런데 혈액이 산소를 충분히 운반하지 못할 때, 우리 몸에 문제가 생기는데 이것이 빈혈이에요. 가장 흔한 빈혈 증상은 어지럼증이에요. 물론 어지럼증이 있다고 해서 모두 빈혈인 것은 아니에요. 빈혈의 원인은 다양한데, 여자들에게 더 많이 발생해요. 여자들은 월경으로 배출하는 혈액이 많기 때문이에요. 빈혈을 예방하려면 철분이 많이 든 음식을 섭취하는 게 좋아요.

설사

묽은 변이 나오는 증상을 말해요.

함께 익히기 **장염**

설사는 감기 다음으로 어린이들에게 많이 나타나는 질병이에요. 바이러스나 세균 감염으로 발생하기도 하고, 식중독으로 발생하기도 해요. 설사가 나타날 때는 장에 좋지 않은 찬 음식이나 기름지고, 맵고, 짠 음식을 피해야 해요. 채소는 대장 운동을 활발하게 만들어 설사를 악화시킬 수 있으니 자제하는 게 좋아요. 참고로 대장 운동이 잘되지 않으면 변비가 나타나고, 너무 활발하면 설사가 나타나요. 그리고 물을 자주 마셔야 해요. 설사를 하면 몸에 수분이 많이 빠져나가기 때문이에요.

성장통

어린이나 청소년이 갑자기 성장하면서
생기는 통증을 말해요.

함께 익히기 성장 호르몬

성장통은 질병이 아니에요. 성장하면서 생기는 자연스러운 증상이에요. 성장통은 주로 무릎에 발생하는데, 근육과 힘줄이 자라나기 때문이에요. 한동안 나타났다가 지나가는 증상이라 크게 걱정하지 않아도 돼요. 찜질이나 스트레칭을 해 주면 통증이 덜해져요. 하지만 질병으로 인한 통증을 성장통으로 착각할 수도 있으니 몸이 이상하다 싶으면 병원에 가서 진료받아야 해요.

성조숙증

너무 일찍 어른의 몸으로 변하는 증상을 말해요.

함께 익히기 월경

사춘기는 몸과 마음이 어른으로 변하는 시기예요. 여자는 초등학교 4학년, 남자는 초등학교 5학년 정도가 되면 어른의 몸으로 변하기 시작해요. 그런데 성장 호르몬 이상으로 초등학교 1~2학년 때부터 어른처럼 몸이 변하는 경우가 있어요. 이걸 성조숙증이라고 해요. 빨리 어른의 몸이 된다고 좋은 게 아니에요. 성장이 다른 친구들보다 빨리 멈출 수 있어요. 건강에도 좋지 않고, 스트레스도 많이 받을 수 있어요. 이럴 때는 병원에서 진료받아야 해요.

소화 불량

먹은 음식이 몸속에서
제대로 소화되지 못하는 걸 말해요.

함께 익히기 과식, 구토

음식을 먹고 나서, 배가 아프거나 속이 두부룩했던 적이 있나요? 보통 소화 불량은 과식했거나 상한 음식을 먹었거나 급하게 먹었을 때 발생해요. 지나치게 스트레스를 받았거나 몸이 피로할 때도 소화가 잘 안 되기도 해요. 소화 불량의 원인은 이렇게 다양해요. 소화가 잘 안된다는 건 영양분이 우리 몸에 잘 흡수되지 않는다는 것을 뜻해요. 식사를 할 때, 소화 불량의 원인을 생각하며 조심해야 해요.

수두

피부에 붉고 둥근 종기가 났다가
나중에 물집으로 변하는 피부병을 말해요.

수두는 어린이에게 많이 걸리는 피부 감염병이에요. 수두에 걸리면 열이 나면서 피부에 작은 종기들이 생겨요. 수두는 누구나 걸릴 수 있는 병이에요. 하지만 크게 걱정하지 않아도 돼요. 수두는 한 번 걸리면 더 이상 걸리지 않고, 일주일 정도만 잘 쉬면 나아요. 그래도 주의 사항은 있어요. 수두에 걸리면 몸이 매우 가려운데 흉터가 생길 수 있어 긁으면 안 돼요. 어른들이 자주 걸리는 대상 포진도 수두의 한 종류라고 해요.

수면 장애

잠을 깊게 자지 못하거나
잠들지 못하는 증상을 말해요.

함께 익히기 성장, 우울증

잠은 우리 몸이 회복하는 시간이에요. 잠을 잘 자지 못하면 우리 몸이 회복되지도 못하고, 신경이 예민해지고, 우울해져요. 집중하기도 어렵고, 기억력도 떨어져요. 수면 장애를 예방하려면 낮잠을 자지 않는 게 좋아요. 잠을 잘 때 빼고는, 침대에 눕지 않는 게 좋아요. 왜냐면 우리 몸이 자는 시간이나 행동을 기억하고, 잘 준비를 하는데 불규칙하게 자면 쉽게 잠들지 못해요. 초콜릿에는 수면을 방해하는 카페인이 들어 있어 많이 먹지 않는 게 좋아요. 또, 핸드폰 화면의 불빛도 잠을 방해하니 자기 전에는 보지 말아야 해요.

스트레스

어렵고 힘든 상황에서 느끼는
불안이나 답답함을 말해요.

함께 익히기 우울증

스트레스를 받으면 우리 몸과 마음이 편안하지 않아요. 스트레스는 두통, 위장병, 우울증 등 여러 질병의 원인이에요. 그렇다고 스트레스를 안 받을 수는 없어요. 모든 사람이 저마다 다른 상황에서 스트레스를 받죠. 그렇다면 스트레스를 푸는 방법이 필요해요. 운동, 친구와의 수다 등 스트레스를 푸는 방법을 찾아야 건강하게 생활할 수 있어요.

시력

**물체나 사람 또는 풍경 등을
알아볼 수 있는 능력을 말해요.**

숟가락처럼 생긴 물건으로 한쪽 눈을 가리고 시력 검사를 해 본 적이 있나요? 시력은 그만큼 중요하기 때문에 학교에서 매년 검사하는 거예요. 시력이 나쁘면 일상생활에서 불편함이 생겨요. 멀리서 다가오는 친구를 알아보지 못할 수도 있고, 버스 번호판을 잘못 봐서 버스를 잘못 탈 수도 있어요. 시력은 대부분 잘못된 생활 습관 때문에 나빠진 예가 많아요. 스마트폰이나 컴퓨터를 사용할 때는 적정한 시간만 사용하고, 한 시간에 5~10분 정도는 쉬는 게 좋아요. 스마트폰이나 태블릿에는 블루라이트를 차단하는 설정으로 바꾸어 주세요. 시력이 나쁘다면 안경을 착용해요.

식중독

우리 몸에 해로운 물질이 포함된 음식을
먹고 생긴 병을 말해요.

흔히 상한 음식을 먹고, 열이 나거나 구토, 설사 등의 증상이 생겼을 때 식중독이라고 해요. 익지 않은 생선이나 고기, 과일을 먹었을 때나 과식으로 탈이 났을 때도 식중독에 포함돼요. 특히 여름철에는 식중독에 걸리기 쉬워요. 덥고 습한 날씨는 미생물이 번식하기 쉬운데, 미생물은 음식을 상하게 해요. 그러니 손을 늘 깨끗이 씻고, 음식은 늘 냉장고에 보관해야 해요. 여름철에는 음식을 반드시 익혀 먹어야 해요.

알레르기

특정 물질이 몸속에 들어갔을 때 재채기,
피부병 등의 증상이 일어나는 것을 말해요.

함께 익히기 비염, 결막염

어떤 음식을 먹었을 때, 피부가 가렵거나 재채기가 난 적이 있나요? 봄이 되면 꽃가루 때문에 눈이 가렵거나 자꾸만 콧물이 난 적이 있나요? 이렇게 특정 물질에 여러 증상이 나타나는 걸 알레르기라고 해요. 대개 가려움증, 콧물, 재채기 등이 나타나는데 우리 몸을 지키려는 반응이에요. 우리 몸은 바이러스나 세균 같은 해로운 물질이 들어오면 이들과 싸우는 과정에서 콧물, 재채기 등 여러 증상이 나타나요. 그런데 우리 몸에 해롭지 않은 물질도 해롭다고 오해하고 잘못 반응할 때가 있어요. 이게 알레르기에요. 알레르기가 일어나는 물질은 동물의 털, 복숭아, 달걀, 꽃가루, 먼지 등 사람마다 달라요. 증상도 다르죠. 심각하면 호흡곤란도 나타나기 때문에 알레르기가 있다면 어떤 물질에 알레르기가 나타나는지 정리해 봐야 해요.

염좌

넘어지거나 다쳤을 때 인대가 늘어나거나
찢어지는 증상을 말해요.

함께 익히기 **준비 운동, 관절**

발목을 삐끗해 본 적 있나요? 체육 시간에 날아오는 공을 잡다 손가락이나 손목을 삐끗해 본 친구들도 있을 거예요. 뼈와 뼈 사이를 연결해 주는 조직을 인대라고 하는데, 갑자기 큰 충격을 받으면 인대가 늘어나거나 찢어져요. 이것을 염좌라고 불러요. 운동하기 전에 준비 운동을 충분히 하는 건 염좌를 예방하기 위해서예요. 염좌가 발생하면 아픈 부위에 얼음찜질해 주는 게 좋아요. 심하게 다쳤다면 곧장 병원에 가서 치료받아야 해요.

영양 불균형

우리 몸에 꼭 필요한 영양소들을 알맞게
섭취하지 않았을 때 나타나는 문제예요.

함께 익히기 영양소

나물 반찬을 싫어하는 친구가 있나요? 또는 김밥에서 오이를 빼고 먹는 친구가 있나요? 이럴 때 부모님으로부터 편식하지 말라는 잔소리를 듣게 되죠? 편식하면 우리 몸에 꼭 필요한 영양소가 채워지지 않기 때문이에요. 영양 불균형은 영양소를 필요한 양보다 적게 섭취했을 때도 나타나지만, 너무 많이 섭취해도 나타나요. 좋아하는 음식만 먹게 되면 좋아하는 음식에 든 영양소만 너무 많이 섭취돼 건강에 문제가 생겨요. 그러니 음식을 골고루 먹어야 해요.

우울증

마음이 괴롭고, 의욕이 없어져
일상생활의 어려움을 겪는 질병이에요.

함께 익히기 스트레스

우울증에 걸리면 흥미와 의욕이 사라지고, 마음이 괴로워져요. 계속 불안하고, 걱정돼 잠을 잘 자지 못하기도 해요. 식욕이 떨어지기도 하고, 그러다 보니 체중이 감소하기도 해요. 우울증은 감기처럼 치료하면 나아지는 질병이에요. 병원에서 진료를 받고, 약을 먹고 쉬면 회복되듯이 우울증도 똑같이 병원에서 치료받으면 돼요. 마음이 계속해서 괴로울 때는 병원에서 진찰받아 보세요.

일사병

뜨거운 햇볕을 오래 받아 생기는 병이에요.

함께 익히기 **폭염**

일사병은 주로 여름철에 발생해요. 뜨거운 햇볕을 오래 받다 보면 몸 안에 체온이 급격하게 올라가면서 땀이 많이 배출돼요. 그러다 보면 몸에 수분이 부족해지는데 이때 일사병이 생겨요. 일사병의 증상은 어지럼증과 두통, 구역질, 구토 등이 있어요. 일사병 증상이 나타나면 서늘한 곳으로 이동해 물을 충분히 마셔야 해요. 다른 음료가 아닌 물을 마시는 게 좋아요. 그리고 올라간 체온을 빨리 내리기 위해, 얼음이나 얼음물을 이용하면 체온이 급격히 떨어져 더 위험해질 수도 있어요. 더운 여름에 외출해야 한다면 햇볕을 오래 쐬지 않도록 주의하고, 수분이 부족해지지 않게 물을 가지고 다니는 게 좋아요.

장염

우리 몸속 기관 중 장에 염증이 발생했을 때
나타나는 질병이에요.

함께 익히기 설사, 구토, 바이러스

장은 우리 몸에서 소화와 배설을 담당하는 기관이에요. 장에 염증이 생기면 소화와 배설에 문제가 생기겠죠? 장염에 걸리면 배가 아프고, 설사가 나는데 사람에 따라 열이 나거나 구토가 나기도 해요. 장염에 걸리는 이유는 대부분 식중독이에요. 장염에 걸렸을 때는 죽처럼 자극적이지 않고, 부드러운 음식을 먹는 게 좋아요. 그리고 물을 자주 마셔야 해요.

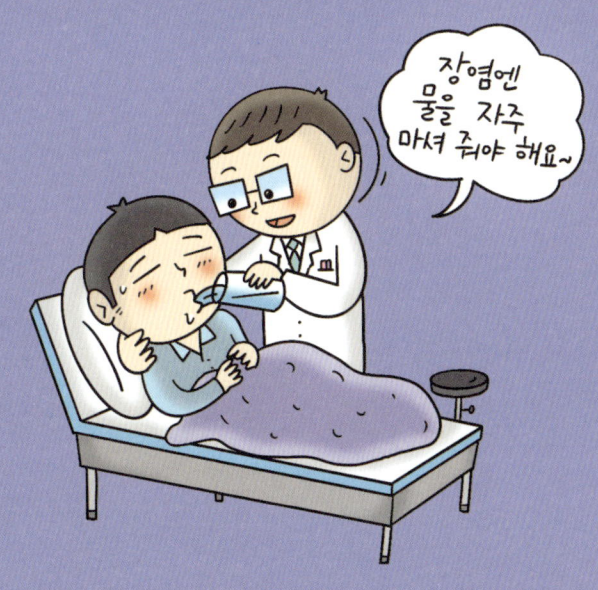

중독

일상생활에 문제가 생길 정도로 한 가지에
깊게 빠져 있는 상태를 말해요.

함께 익히기 음란물, 음주, 흡연

'게임 중독', '스마트폰 중독'이라는 말을 들어 봤을 거예요. 중독이란 일상생활에 문제가 생길 정도로 뭔가에 빠져 있는 상태를 말해요. 게임은 즐거워요. 스트레스도 풀 수 있고, 게임을 통해 친구들과 재미있는 시간을 보낼 수도 있어요. 하지만 게임을 하느라 잠을 자지 않고, 밥도 먹지 않고, 가족이나 친구들과 대화하는 시간도 보내지 못한다면 일상생활에 큰 문제가 생겨요. 게임이나 스마트폰에 중독되면 그것들을 못 하게 되었을 때 불안하기도 하고, 화가 나기도 해요. 폭력적으로 변하기도 하지요. 이렇게 중독이 되면 스스로 조절하기 어려워요. 부모님과 상의해서 전문가를 찾아가 상담 받고 치료받아야 해요. 중독을 예방하려면, 절제하는 습관을 들여야 해요. 예를 들어 게임을 할 때는 스스로 시간을 정해 놓고, 그 시간까지만 해야 해요. 중독은 게임뿐만이 아니라 스마트폰, 탄산음료 등 다양한 것들에도 생길 수 있어요.

척추 옆굽음증(척추 측만증)

척추가 비틀어지면서 옆으로
구부러지는 질환을 말해요.

함께 익히기 바른 자세

척추는 우리 등에 있는 뼈를 말해요. 우리 몸을 지탱하는 기둥 같은 거죠. 바르지 않은 자세가 습관이 되면 척추가 비틀어지는데, 잘못하면 옆으로 구부러지는 척추 옆굽음증이 생길 수도 있어요. 척추 옆굽음증이 생기면 몸의 모양이 틀어지고, 통증이 생겨 움직이는 데 불편해져요. 척추가 틀어지지 않도록 평소에 바른 자세를 유지하는 습관을 들여야 해요.

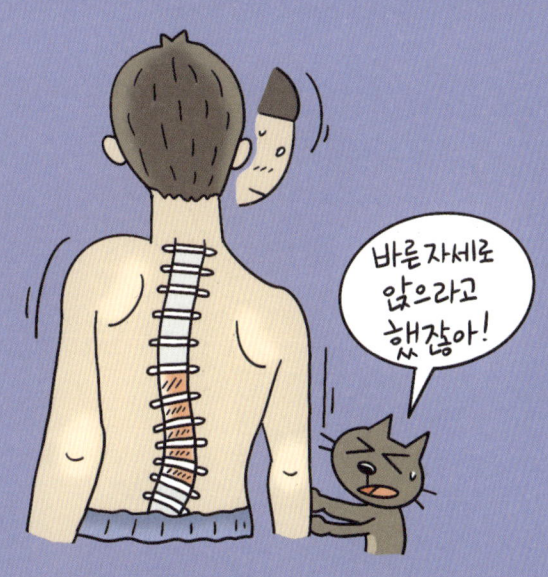

천식

잦은 기침, 호흡 곤란 등의 증상이
계속해서 나타나는 호흡기 질병이에요.

함께 익히기 알레르기, 비염

천식은 우리 몸에서 폐로 연결되는 기관지에 발생하는 질환이에요. 천식에 걸리면 걷거나 뛸 때 숨이 금방 가빠지고, 숨을 쉴 때 쌕쌕거리는 소리가 나기도 해요. 천식의 원인은 다양해요. 유전적인 원인도 있고, 바이러스 감염이나, 알레르기, 공기 오염 등이 있어요. 미세먼지는 천식의 원인이 되거나 천식을 악화시킬 수 있어요. 그러니 미세먼지가 심할 때는 마스크를 꼭 착용해야 해요.

타박상

넘어지거나 부딪쳤을 때 생기는 부상이에요.

한 번쯤은 넘어지거나 어딘가에 부딪쳐 본 적이 있죠? 타박상은 바깥에서 전해지는 어떤 힘으로 생긴 부상이에요. 맞거나, 눌리거나, 부딪쳤을 때를 아팠던 걸 생각하면 돼요. 타박상은 심한 경우나 큰 병을 앓고 있는 경우가 아니라면 자연스럽게 나아요. 하지만 심각한 정도는 스스로 알 수 없어요. 괜찮다고 내버려 뒀다가 더 큰 문제로 이어질 수도 있어요. 그러니 타박상이 생기면 곧장 선생님이나 부모님께 알려 알맞은 치료를 받아야 해요.

트라우마

**과거의 경험했던 공포나 충격이
현재까지 영향을 미치는 증상이에요.**

함께 익히기 학교 폭력, 우울증

여러분은 자꾸 생각나는 충격적이거나 무서웠던 순간이 있나요? 발표하다가 실수해서 발표가 두려워진 친구도 있을 거고, 운동하다가 크게 다쳐 운동이 두려워진 친구도 있을 거예요. 이런 일들을 쉽게 잊고, 훌훌 털어 버리는 사람도 있지만 어떤 사람은 그때의 일을 생각하는 것만으로도 식은땀이 나고, 불안해지는 경우도 있어요. 그것을 트라우마라고 해요. 사람마다 반응이 달라요. 별거 아닌 것처럼 보이는 일도, 누군가에게는 충격적인 순간으로 다가올 수 있어요. 트라우마는 치료하지 않으면 우울증 등 정신 질환으로 이어질 수 있어요. 어떤 일을 떠올리면 무섭거나 불안함이 계속 반복될 때는 전문가와 상담하면 나아질 수 있어요.

패혈증

혈관에 세균 등의 미생물이 들어와서,
우리 몸에 이상을 일으키는 병이에요.

함께 익히기 **감염**

패혈증이라는 말을 그대로 풀면 '피가 썩는 병'이라는 뜻이에요. 이름부터 무서운 병이지요? 패혈증은 심각할 경우 사망까지 이어지기도 해요. 여러 바이러스나 세균 감염이 패혈증으로 이어질 수 있어요. 면역력이 약한 사람은 특히 더 패혈증을 조심해야 해요. 패혈증은 비브리오라는 세균 때문에 발생하기도 해요. 비브리오는 바다에 사는 세균으로 주로 6월부터 9월까지 나타나요. 그 시기에는 어패류는 익혀 먹고, 상처가 생겼을 때는 바닷물에 들어가지 말아야 해요. 상처를 통해 비브리오가 몸속으로 들어올 수도 있기 때문이에요.

폭식증

**조절할 수 없을 정도로 지나치게
많이 먹는 증상을 말해요.**

함께 익히기 면역, 바이러스

지나치게 많이 먹는 것을 과식이라고 해요. 폭식은 과식을 넘어서 조절할 수 없을 정도로 지나치게 많이 먹는 증상을 말해요. 대개 과식은 먹은 음식이 맛있을 때나 허기가 많이 졌을 때나 해요. 하지만 별다른 이유 없이 계속해서 지나치게 많이 먹으면 폭식이에요. 폭식증은 건강을 해칠 수 있어, 전문가와 상담해서 치료받아야 해요.

홍역

홍역 바이러스에 의해 발생하는 감염병이에요.

함께 익히기 면역, 바이러스

홍역은 전염성이 매우 강한 질병이에요. 침방울을 통해 전염되는데 홍역에 걸리면 열이 나고, 콧물이 나고, 결막염 등이 나타날 수 있어요. 그리고 나중에는 온몸에 붉은 반점들이 생겨요. 홍역은 전염성이 매우 강해서 걸렸다면 외출하지 말고 집에서 쉬어야 해요. 홍역은 걸리고 나서 열흘 정도 뒤에 증상이 나타나요. 그래도 크게 걱정하지 않아도 돼요. 홍역은 예방 접종으로 대비할 수 있고, 한 번 걸리면 면역이 생겨 다시는 걸리지 않아요.

화상

**뜨거운 기체나 액체, 물체, 불 등에
데어 피부가 손상되는 것을 말해요.**

화상을 입을 위험은 어디에나 있어요. 불을 직접 닿지 않더라도, 뜨거운 음식이나 물에 데어 생길 수도 있어요. 학교에서도 화상의 위험이 있어요. 과학실에서 실험하다가 실험에 사용되는 약품 때문에 화상을 입는 경우가 있어요. 그러므로 과학실 안전 수칙은 반드시 지켜야 해요.

신나는 건강 교실

슬기로운 건강 생활

감염병을 예방하려면?

코로나19로 인해 감염병에 대한 경각심이 늘었어요. 감염병은 병을 일으키는 세균이나 바이러스가 사람이나 동물의 몸에 들어와 감염시킨 뒤, 다른 사람이나 동물에게 전염시키는 병을 말해요. 감염병을 예방하려면 어떻게 해야 할까요? 책에서 살펴봤던 내용을 다시 한번 정리해 봐요.

1. 개인위생 철저하게 하기

우리 몸에서 세균이 가장 많은 곳은 어디일까요? 바로 손이에요. 우리는 손으로 문을 열기도 하고, 밥을 먹고, 물건을 만지는 등 대부분의 생활을 해요. 그러다 보니 손으로 많은 세균이 옮겨 와요. 그래서 손을 청결하게 하는 게 가장 중요해요. 손을 자주 씻어야 해요. 비누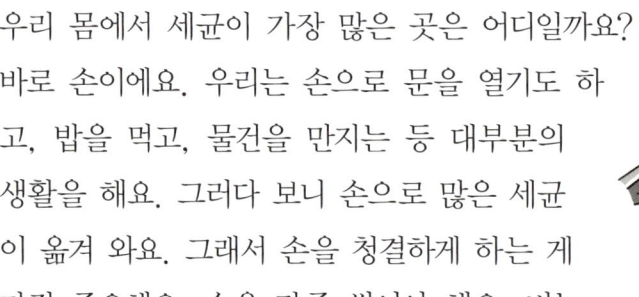

나 손 세정제를 사용해 손을 꼼꼼하게 씻으세요. 비누가 없거나 화장실을 사용하기 힘들면 손 소독제를 사용하는 것도 좋아요. 손뿐만 아니라 우리가 자주 만지는 물건도 소독해 주는 게 좋아요. 스마트폰이나 키보드, 마우스 등을 소독제로 닦아 주면 더 더 안전하게 사용할 수 있어요. 그리고 손톱은 세균이 번식하기 가장 좋은 곳이에요. 모래나 흙을 만졌을 때, 손톱 밑이 제일 안 씻겼던 경험이 있죠? 그래서 손톱은 자주 깎아 주는 게 좋아요.

그리고 호흡기 감염병이 유행할 때 가장 효과적인 예방 수단은 보건용 마스크를 착용하는 거예요. 호흡기 감염병은 다른 사람의 침방울을 통해 감염되는 경우가 많아요. 어떤 마스크나 쓰는 것만으로도 침방울을 차단하는 효과가 있다고 하지만, 확실하게 검증된 KF94나 KF80 등급의 마스크를 착용하는 게 좋아요. 기침할 때도 예절이 필요해요.  마스크를 쓰지 않은 상태에서 기침이 나올 때는 옷 소매로 입과 코를 가리고 하세요. 손으로 가리면, 기침을 통해 나온 바이러스나 세균이 다른 사람에게 쉽게 전파될 수 있기 때문이에요.

2. 면역력 기르기

면역력을 기르는 가장 기본적인 방법은 잘 먹는 거예요. 아플 때는 잘 먹어야 한다는 말을 들어 봤죠? 영양소를 풍부하게 섭취해야 몸이 빨리 회복할 수 있어요. 물론 골고루 먹어야 해요. 우리 몸에는 필요한 영양소들이 있어요. 내가 좋아하는 음식만 먹는다면 필요한 영양소를 골고루 섭취하기 어려워요. 몸에 필요한 영양소들이 있는데, 그 영양소가 우리 몸에 없으면 몸이 제대로 움직일 수 없어요. 특히 어린이가 좋아하는 패스트푸드는 영양소가 충분하지 않아, 자주 먹으면 좋지 않아요. 그렇다고 영양소를 무조건 많이 섭취하면 오히려 건강에 해로워요. 우리 몸에 필요한 것 이상의 영양소가 들어오면 지방으로 변해, 우리 몸에 쌓여 비만으로 이어질 수도 있어요.

운동도 면역력을 기르는 데 중요해요. 운동을 하면 우리 몸에 혈액이 몸 이곳저곳을 바르게 돌아다녀요. 혈액은 우리 몸에 산소와 영양소, 노폐물을 운반하는 역할을 하지요. 우리 몸 모든 곳에 산소와 영양소가 공급되고, 노폐물이 배출돼야 건강해질 수 있어요. 달리기, 걷기, 줄넘기, 축구 등의 운동을 하면 심폐 지구력이 좋아져요. 심폐 지구력은 숨을 들이쉬고, 내쉬는 능력인데 심폐 지구력이 좋아지면 질병에 걸릴 확률이 낮아진다고 해요. 뿐만 아니라 운동은 스트레스도 해소해 줘요.

감염병에 대한 면역력을 높이기 위해 백신을 접종하기도 해요. 백신은 감염병을 일으키는 바이러스나 세균을 아주 약하게 만들어 우리 몸에 넣는 거예요. 그러면 우리 몸이 들어온 세균이나 바이러스와 싸우면서 해당하는 병에 대한 면역이 생겨요. 물론 백신 접종을 했다고 해서 감염병에 절대 걸리지 않는 건 아니에요. 대신 감염병에 걸렸어도 약하게 앓고 지나갈 수 있어요. 또, 다른 사람을 전염시키는 전파력을 줄여 줘요.